木兰剑

全民健身项目指导用书

吉林出版集团股份有限公司　全国百佳图书出版单位

图书在版编目（CIP）数据

木兰剑 / 方园主编. -- 2 版. -- 长春：吉林出版集团股份有限公司, 2010.2(2024.8 重印)
全民健身项目指导用书
ISBN 978-7-5463-2354-1

Ⅰ. ①木… Ⅱ. ①方… Ⅲ. ①剑术（武术）－基本知识－中国 Ⅳ. ①G852.24

中国版本图书馆 CIP 数据核字(2010)第 028359 号

全民健身项目指导用书

木兰剑

MULANJIAN

主　　编　方　园
责任编辑　黄　群　杜　琳
封面设计　吕宜昌
开　　本　650mm × 960mm　1/16
印　　张　8
字　　数　30 千
版　　次　2010 年 2 月第 2 版
印　　次　2024 年 8 月第 4 次印刷
出版发行　吉林出版集团股份有限公司
地　　址　吉林省长春市福祉大路 5788 号
邮　　编　130000
电　　话　0431-81629968
电子邮箱　11915286@qq.com
印　　刷　三河市金兆印刷装订有限公司
书　　号　ISBN 978-7-5463-2354-1　　定　　价　39.80 元

序言

自1995年我国政府推出《全民健身计划纲要》以来，我国群众性体育活动蓬勃发展，取得了显著的成绩。2008年，举世瞩目的北京奥运会的成功举办，极大地激发了亿万人民群众的体育热情，增强了全社会的体育意识，营造了浓厚的全民健身氛围。面对这样的可喜局面，群众体育科研、教学工作者应义不容辞地为社会实践服务，从不同角度思考，如何使普通百姓通过简而易行的身体锻炼方式、方法和手段达到良好的健身效果，达到拥有健康的目标，从而享受生活、享受快乐人生。该书系就是在这样的思想指导下诞生的。

本书系能够顺应国家体育的大政方针，掌握时代脉搏，对指导大众健身，使大众掌握健身方法和手段有很好的促进作用。

本书系图文并茂，实用性强，分为球类运动、体操健身运动、传统武术、冰雪运动、水上运动、体育舞蹈、休闲运动、格斗运动、民间体育活动和极限运动等十大类项目，计100分册，按照统一的体例，力争有所创新。每册的具体内容为该项目的起源与发展、运动保健、基本技术、运动技巧、比赛规则等，使读者在学习过程中，不仅能够学会运动健身的方法，同时还能够学到保健方面的基本知识。

经国务院批准，自 2009 年起，将每年的 8 月 8 日定为“全民健身日”。《全民健身项目指导用书》的出版，必将为开展全民健身活动起到积极的推动和指导作用。

目录 CONTENTS

第一章 概述

第二章 运动保健

第三章 基本技术

目录 CONTENTS

第一章　概述

木兰剑属于木兰拳系，是一项风格独特的武术健身项目。它融合了木兰拳与其他武术、舞蹈的动作，在木兰拳与剑术的挥舞动作结合之下，充满了飘逸潇洒的美感与武术的阳刚威仪，是兼具观赏性及艺术性的健身运动。

第一节
起源与发展

木兰剑是木兰拳运动的一个重要表现形式，兼有木兰拳和剑术的风格特点，在医疗康复、强身健体、陶冶性情等方面都具有良好的作用。

起源

剑是我国的一种古老兵器，被誉为“百兵之君”。早在春秋战国时期，就已经出现了铜剑。剑有剑器和剑术之分，剑器是指具体的器械，而使用剑的技术称为剑术。

木兰剑是木兰拳系列中的剑术，它是一种将木兰拳的基本特点融于剑法之中的运动形式。动作既细腻，又舒展大方；既潇洒、飘逸、优美，又不失沉稳；既有技击、健身价值，又有观赏价值。

发展

近年来，木兰剑习练人群不断壮大，并且已经由民间自发走向规范化训练的发展道路，成为全民健身运动的有机组成部分。

1997 年，国家体育总局武术运动管理中心委托上海武术院组织有关专家编写了《木兰单剑三十八式》规定套路。

目前，木兰剑运动已传播到美国、加拿大、日本、新加坡、泰国等国家和台湾、香港、澳门等地区，充分展现出其广阔的发展前景。

由于木兰剑吸取了传统民族舞蹈和民间健身操的部分精华，继承了太极剑的传统风格特点，融合了民间艺术特色，使它既适应了广大群众强身健美的心理需要，又营造了一种轻松欢娱的境界，因而深受广大群众的喜爱，尤其备受中老年女性的青睐。

第二节 场地、器材和装备

木兰剑运动对场地、器材和装备有一定的要求。高质量的场地能够为运动提供安全保障，良好的器材和装备是运动参与者发挥较高水平的必要保证。

场地

木兰剑初学者最好在体育馆或武术馆内的比赛场地练习。

规格

比赛场地为长 14 米，宽 8 米的长方形；场地四周内沿应标明 5 厘米宽的边线，周围至少有 2 米宽的安全区。

设施

比赛场地应铺设地毯，以防止运动损伤。

器材

木兰剑运动的基本动作和套路动作都是借助剑来完成的。

规格

长度

剑的长度标准为：以反手垂臂持剑，剑尖高不过头、低不过耳。

重量

剑的重量为：0.5～1 千克。比赛时，成年男子的剑不得轻于 0.6 千克，成年女子的剑不得轻于 0.5 千克。

构造

（1）剑身由剑尖、剑刃、剑脊和剑面组成；

（2）剑尖为剑身最前端的尖锐部分，剑刃为剑身两侧锋利部分，剑脊为剑身长轴隆起部分，剑面为剑脊两侧的平面；

（3）剑把由剑首、剑柄和护手组成，并配置剑穗和剑鞘；

（4）剑首为剑柄后端的突出部分，剑柄为剑把上的把柄，护手为剑柄与剑身间相隔的突出部分；

（5）系在剑首的穗子为剑穗，盛装剑的囊鞘为剑鞘。

装备

练习木兰剑时，最好穿专业的武术服和武术鞋，这样既有利于动作的舒展和美观，又可避免不必要的运动损伤。

服装

（1）女子为中式半开门小褂（长袖或短袖自定），5 对中式直袢，男子为中式对襟小褂（长袖或短袖自定），7 对中式直袢；

（2）灯笼袖，袖口处加两对中式直袢；

（3）中式裤，西式腰，立裆要适宜。

鞋

比赛和练习时，常穿以羊皮或帆布制面、软胶制底的武术表演专用鞋，这种鞋既舒服又美观。

第二章　运动保健

体育运动对增强体质、预防疾病和促进健康具有良好的作用。但是，并非所有人从事相同的运动都会达到同样的效果。对于同一种运动负荷，不同人机体的反应差异是很大的，即使同一个体，在不同时期、不同机能状态下，对同一负荷的反应及效果也是不一样的。因此，对于不同个体，应制定适合其机能需要的运动强度、时间、频率和持续周期。从事体育锻炼一定要讲究科学性，使机体最大限度地获得运动价值，使某些疾病得到有效的防治。

第一节 自我身体评价

自我身体评价是指根据个体的不同情况以及简单的功能评定标准，对锻炼者进行身体评价，并以此为依据，确定具体的锻炼内容。

适宜人群

体适能是全身适应性的一部分，是人体精神和体力对现代生活的适应能力。为了促进健康，预防疾病，提高生活质量和工作学习效率，几乎所有人都可以追求健康的体适能，而且经过简单的评价和测试，均可以成为目标人群，即适宜人群。

健康体适能评价标准

健康体适能是指身体有足够的活力和精力处理日常事务，而不会感到过度疲劳，并且还有足够的精力去享受休闲活动和应对突发事件。

健康体适能是确定锻炼者是否为运动适宜人群的主要依据。目前的评价标准主要包括国民体质测定标准、学生体质测定标准和普通人群体育锻炼标准等。

国民体质测定标准主要包括形态指标、机能指标和素质指标 3 个部分，各项指标的测定结果均为 1～5 分，共 5 个级别。凡各项指标达不到 4 分或 5 分者，均应被纳入健身人群。

学生体质测定标准分为优秀、良好、及格和不及格 4 个级别。优秀水平以下者，均应被纳入健身人群。

普通人群体育锻炼标准分为 5 个级别，凡达不到 4 分或 5 分者，均应被纳入健身人群。

简易运动功能评定

简易运动功能评定的目的在于确定运动对象有无运动禁忌症或临时运动禁忌的情况，即是否适合参加体育锻炼，以达到防备万一，避免意外事故发生的目的。目前通行的方式是 3 分钟踏台阶测试。

目的

测试锻炼者运动后心率恢复的情况，以评估其心肺功能。

器材 见图 2-1-1

30 厘米高的长凳、节拍器、秒表和时钟。

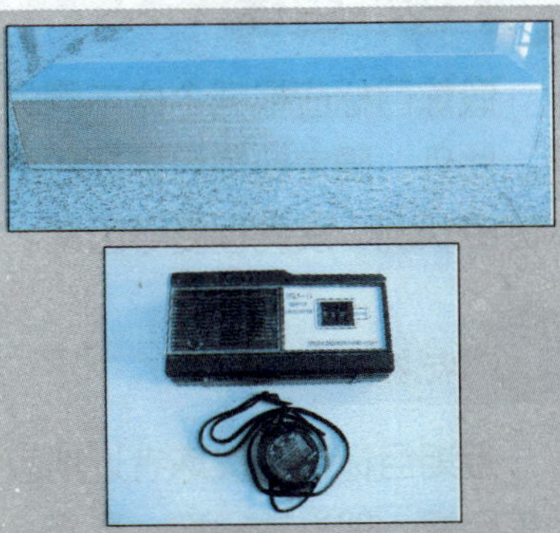

图 2-1-1

步骤 见表 2-1-1

(1)节拍器设定为每分钟 96 次，锻炼者依“上上下下”的节拍运动 3 分钟。

(2)锻炼者完成 3 分钟踏台阶后，5 秒钟内开始测量其脉搏，时间为 1 分钟，记录其心率，并依据下表评价其功能水平。

(3)运动后心率越低，证明其心肺功能越好。在运动强度允许的范围内，锻炼者可选择运动强度的较高值来进行运动。

表 2-1-1 3 分钟台阶测试评价表

	年龄(岁)	欠佳(次)	尚可(次)	一般(次)	良好(次)	优异(次)
男士	18~25	>115	105~114	98~104	89~97	<88
	26~35	>117	107~116	98~106	89~97	<88
	36~45	>119	112~118	103~111	95~102	<94
	46~55	>122	116~121	104~115	97~103	<96
	56~65	>119	112~118	102~111	98~101	<97
	65+	>120	114~119	103~113	96~102	<95
女士	18~25	>125	117~124	107~116	98~106	<97
	26~35	>128	119~127	111~118	98~110	<97
	36~45	>128	118~127	110~117	102~109	<101
	46~55	>127	121~126	114~120	103~113	<102
	56~65	>128	118~127	112~117	104~111	<103
	65+	>128	122~127	115~121	101~114	<100

注意事项

如受试者经过努力仍无法完成测试，或出现头晕、胸闷、出冷汗等症状，应终止测试。运动中应特别考虑运动强度，以防出现意外。

锻炼目标

锻炼目标应根据个体不同的身体状况来确定，可分为近期目标和远期目标。此外，确定锻炼目标还应结合锻炼者的运动意向、愿望和兴趣以及本人的健康状况、疾病程度等因素。

近期目标

近期目标是指锻炼者近期应达到的目标。在进行运动之前，应首先明确锻炼目标，即近期目标。选择一两个健康体适能构成要素，作为未来两个月内努力完成的目标，而且应从成功概率较高的构成要素开始，并将预期两个月后要达到的目标做上记号，如提高某个或某些关节的活动幅度，增强某个肌肉群的力量等。

远期目标

远期目标是指锻炼者最终要达到的目标。实践证明，经过科学合理的锻炼后，锻炼者是可以达到一般的远期目标的，如提高心肺功能，使其达到优秀的等级，或达到降血脂、防治高血压和冠心病的目的等。

运动负荷

运动负荷即运动量。怎样控制运动量，合适的运动时间是多少等，一直是人们争论不休的问题。但有一点是可以肯定的，那就是任何有关身体活动的意见和建议，都需要综合考虑锻炼者的身体状况和所要达到的目标，并以此为依据来制订科学的身体锻炼计划。

运动强度

运动过程中，运动强度过小，达不到锻炼的效果；运动强度过大，不仅达不到最佳的锻炼效果，还可能产生一些副作用，甚至出现意外事故。确定运动强度有两种方法。

心率简易推测法

（1）年龄在 20 岁左右的年轻人，身体健康，能坚持体育锻炼，欲进一步提高身体机能，可取最大心率值（最大心率值 =220 − 年龄）的 65%～85%。

（2）年龄在 45 岁以下，身体基本健康，有运动习惯者，开始进行健身锻炼，可取最大心率值的 65%～80%，没有运动习惯者，开始进行健身锻炼，可取最大心率值的 60%～75%。

（3）年龄在 45 岁以上，身体基本健康，有运动习惯者，开始进行健身锻炼，可取最大心率值的 60%～75%，没有运动习惯者，建议根据自身情况咨询专业人员来指导和确定运动强度。

主观感觉疲劳分级表推测法

见表 2-1-2

运动的疲劳程度大致分为 10 级，具体为：0～1 级，没感觉；2～3 级，尚轻松；4～5 级，稍累；6～7 级，累；8～9 级，很累；10 级，精疲力竭。因此，健身锻炼的运动强度应控制在主观感觉疲劳程度的 4～7 级。

表 2-1-2 主观感觉疲劳分级表

0 轻松	•	2 尚轻松	•	4 稍累	•	6 累	•	8 很累	•	10 精疲力竭

运动频率

运动频率是指每日及每周锻炼的次数。一般每周锻炼 3～4 次，即隔日锻炼 1 次即可。有充足的休息时间，可使身体得到充分的休息，收到更好的锻炼效果。

运动持续时间

运动强度和运动持续时间，决定了一次锻炼的运动量和热量消耗。运动持续时间与运动强度成反比，运动强度大，运动持续时间可相应缩短，运动强度小，则运动持续时间应相应延长。

一般的健身锻炼，运动持续时间以每天 20～60 分钟为宜，其中包括准备活动时间、健身锻炼时间和整理活动时间。每次健身锻炼应在 20 分钟以上，锻炼可一次性完成，也可分段进行，但每段的活动时间应在 10 分钟以上。

第二节 运动价值

运动价值一直是人们探讨的问题，一般认为运动具有两方面的价值，即健身价值和心理价值。身体和精神的健康是相互依存的，伴随着身体功能的改善，精神状况逐渐也能同时得到改善。

健身价值

健身价值在于提高体适能。体适能包括心肺耐力素质、肌肉力量素质、柔韧性素质和身体成分等。体适能的发展是积极从事锻炼的结果，只有规律性的体育锻炼才能达到最佳的体适能。

提高心肺耐力素质

心肺耐力是指全身肌肉进行长时间运动的持久能力，是体内心肺系统对身体各细胞的供氧能力。人体的心脏、肺、血管、血液等组织的功能是心肺耐力的基础，它们与氧气和营养物质的输送以及代谢物的清除有关。健全的心肺功能是健康的基本保证。

系统的体育锻炼，可以使心肌增厚，收缩力加强，心室容积增大，从而使心脏的泵血功能增强，表现为心血输出量增加。

系统的体育锻炼，呼吸系统机能也将得到提高，表现为呼吸肌的力量增强，肺活量、肺通气量明显增加，保证对机体供氧的能力。

系统的体育锻炼，可以促进血管系统的形态、机能和调节能力产生良好的适应力，从而提高机体的工作能力。

系统的体育锻炼，可以使血液系统产生某些适应性变化，如血容量增加、血黏度下降、红细胞膜弹性增强和红细胞变形能力增强等。

提高肌肉力量素质

肌肉力量是指肌肉最大收缩产生的对抗阻力或负荷的能力。肌肉力量只有达到一定的程度，才能克服外界阻力，而克服外界阻力是维持日常生活自理、从事各种劳动和运动的必要前提。

系统的体育锻炼，可以提高肌肉的生理横断面积，可以改善神经系统对肌肉收缩的支配功能，还可以提高肌肉内代谢物质的储备量，使肌肉力量得到提高。

提高柔韧性素质

柔韧性是指人体各关节的活动幅度，即关节的肌肉、肌腱和韧带等软组织的伸展能力。柔韧性对于保证正常生活质量、维持正常体态、预防损伤发生和减轻损伤程度等方面均起到至关重要的作用。

系统的体育锻炼，还可以延缓因年龄因素而导致的柔韧性下降，预防因缺乏运动而导致的关节结构、周围软组织和膝关节肌肉退化，从而使锻炼者的日常生活、劳动和运动等更加充满活力。

改善身体成分

身体成分是指人体体重中的脂肪组织和去脂组织的重量百分比。身体成分中的脂肪成分增加，肌肉成分必然下降。身体中不具备收缩功能的脂肪组织增加，必然导致身体进行各种活动的能力下降，基础代谢水平降低，肥胖症、冠心病、高血压、糖尿病、高血脂等慢性疾病发病率的提高。因此，身体成分是保证人体健康的重要内容之一。

通过系统的体育锻炼，随着锻炼者体质的增强，热量消耗便随之增加，进而燃烧掉体内多余的脂肪，使身体成分得到改善。而身体成分的改善，又可以减少体重对关节可能带来的不利影响，还可以使肥胖者的心理状况得到改善，增强其自信心，使其逐步建立起健康的生活方式。

心理价值

研究证明，有规律的体育锻炼不但可以使锻炼者增强体质、促进身体健康、预防一些慢性疾病，还可以提高锻炼者的生活满意度和生活质量，对其心理健康产生积极影响。

体育锻炼的心理健康效应主要表现在六个方面：

改善情绪状态

短期效应

研究发现，体育锻炼对人的情绪状态具有显著的短期效应。运动后人们的焦虑、抑郁、紧张和心理紊乱等症状会明显减轻，而精力和愉快程度则会明显增强。而且这种情绪的迅速变化，与锻炼者个体的健康状况、活动形式和活动强度等有着直接的联系。

长期效应

体育锻炼对人情绪的长期效应有着直接的影响，与不锻炼者相比，有规律的锻炼者在较长时期内很少会产生焦虑、抑郁、紧张和心理紊乱等情绪。

完善个性行为特征

见表 2-2-1

人们的行为特征一般可以分为两种类型，用 A 型行为特征和 B 型行为特征来表示。A 型行为特征主要表现为性情急躁、争强好胜、容易激动、整天忙碌和做事效率高等。B 型行为特征主要表现为不好竞争、不易紧张、不赶时间、对人随和、喜欢自由自在等。具有 A 型行为特征的人由于过度紧张的情绪反应，会引起内分泌失调，增加心脏病发病的概率。目前的一些研究主要集中在体育锻炼对改变 A 型行为特征的作用方面。研究结果表明，有规律的体育锻炼能明显改变 A 型行为特征。

表 2-2-1　A、B 型个性行为特征常见表现

A 型行为特征者常见表现	B 型行为特征者常见表现
约会从来不迟到	对约会很随便
竞争意识很强	竞争意识不强
别人要讲话时总爱抢先或插话	是别人讲话时很好的听众
总是匆匆忙忙	即使有压力也从不匆忙
等待时缺乏耐心	能够耐心等待
干事时全力以赴	处事漫不经心
同时想干很多事	在一段时间里只干一件事情
讲话喜欢用加强语气，甚至敲桌子	讲话语速缓慢、不慌不忙
做了好事希望能得到别人的认可	只要自己满意即可，不管别人怎样想
吃饭、走路都很快	做事情很慢
不善与人相处	为人随和
容易暴露自己的感情	能控制自己的感情
具有广泛的兴趣	没什么业余爱好
雄心壮志	满足于目前的工作和学习状况

确立良好自我概念

自我概念是指个体对自己身体、思想和情感的主观整体评价，它由许多自我认识组成，包括我是什么人、我主张什么和我喜欢什么等。

坚持体育锻炼，可以使锻炼者体格强健、精力充沛、提高驾驭身体的能力，从而改善对自身的满意程度，确立良好的自我概念。

改变睡眠模式

根据脑电图的显示，人的睡眠可以分为两种状态，即慢波睡眠状态和快波睡眠状态。前者为浅度睡眠状态，后者为深度睡眠状态。一夜之间两种睡眠状态会交替发生 4～5 次。

有规律的体育锻炼不仅对慢波睡眠有促进作用，而且能缩短入眠的潜伏期，并延长睡眠的时间。

改善认知能力

体育锻炼还能改善人的认知过程，避免反应时间过长、注意力不集中和思维混乱等症状的发生，尤其对老年人的认知能力改善效果更为明显。

增加心理治疗效应

体育锻炼被公认为是一种心理治疗的好方法。目前人群中常见的心理疾患是抑郁症和焦虑症。研究发现，体育锻炼是治疗抑郁症的有效手段之一，抑郁症患者经过有规律的体育锻炼，抑郁症状能明显减轻。

体育锻炼还具有治疗焦虑症的作用，通过有规律的体育锻炼，可以使锻炼者的焦虑症状明显改善。

第三节 运动保护

在运动过程中，人体机能会随时发生变化。因此，应针对这种机能变化的特点来进行体育锻炼，也就是我们所说的运动保护。运动保护一般包括运动前准备、运动后放松和自我养护三个方面。

运动前准备

准备活动是指在正式运动之前进行的有目的的身体练习。做好充分的准备活动，可以缩短机体进入最佳状态的时间，同时还可以预防运动损伤的发生，为机体发挥最大的工作效率做好功能上的准备。

准备活动的作用

提高中枢神经系统兴奋状态

(1)使大脑反应速度加快，参加活动的运动中枢神经相互协调。

(2)为正式运动时生理机能达到适宜程度提前做好准备。

提高机体代谢水平

(1)准备活动可以使锻炼者体温升高，降低肌肉黏滞性，使肌肉的伸展性、柔韧性和弹性增强，从而有效预防运动损伤的发生。

(2)准备活动可以增强体内代谢酶的活性，使物质代谢水平提高，以保证运动时有较充分的能量供应。

克服内脏器官生理惰性

(1)准备活动可以提高心血管系统和呼吸系统的机能水平,使肺通气量及心血输出量增加。

(2)可以使心肌和骨骼肌的毛细血管扩张,使其工作肌获得更多的氧,从而克服内脏器官的生理惰性,使之尽快达到最佳状态。

增加皮肤毛细血管的血流量

准备活动可以使皮肤毛细血管的血流量增加，运动后毛细血管扩张，有利于散热，降低体温，有效防止开始正式活动时由于体温过高而影响运动能力。

准备活动要求

准备活动时间

(1)准备活动的时间可以根据运动项目的具体情况确定，一般以10～30分钟为宜。

(2)准备活动与正式运动的间隔时间，一般以不超过15分钟为宜，可以在做完准备活动后立刻进行正式运动。

准备活动强度

(1)准备活动的强度和量应较正式运动小，以免引起不必要的疲劳。

(2)准备活动的量可以由心率来决定，心率以100～120次／分为宜。

准备活动内容

一般性准备活动

一般性准备活动的内容多以伸展运动开始，然后进行一般性的跑步、徒手体操等活动。

下面介绍一套常用的一般性准备活动操，供锻炼者运动前使用。这套活动操主要包括头部运动、肩部运动、扩胸运动、体侧运动、体转运动、髋部运动和踢腿运动等。

头部运动

头部运动的动作方法(见图2—3—1)：两手叉腰，两脚左右开立，做头部向前、向后、向左、向右，以及绕环运动。

图2—3—1

肩部运动

肩部运动的动作方法(见图 2-3-2)：手扶肩部，屈臂向前、向后绕环，以及直臂绕环。

扩胸运动

扩胸运动的动作方法(见图 2-3-3)：屈臂向后振动及直臂向后振动。

体侧运动

体侧运动的动作方法(见图 2-3-4)：两脚左右开立，一手叉腰，另一臂上举，并随上体向对侧振动。

体转运动

体转运动的动作方法(见图 2-3-5)：两脚左右开立，两臂体前屈，身体向左、向右有节奏地扭转。

髋部运动

髋部运动的动作方法(见图 2-3-6)：两脚左右开立，两手叉腰，髋关节放松，向左、向右 360 度旋转。

图 2-3-2

图 2-3-3

踢腿运动

踢腿运动的动作方法(见图 2-3-7)：两臂上举后振，同时一腿向后半步，重心置于前腿，两臂下摆后振，同时向前上方踢腿。

图 2-3-4

图 2-3-5

图 2-3-6

图 2-3-7

专门性准备活动

专门性准备活动的动作方法、节奏和强度等与正式锻炼相似，目的是使人体主要肌群在运动前得到动员，为正式锻炼做好准备。

运动后放松

运动后放松是指运动之后所进行的一些能够加速机体功能恢复的、较轻松的身体活动。与运动前准备活动相反，其目的是使锻炼者的生理机能水平逐步得到恢复。

放松方法

运动性手段

(1)运动结束后，锻炼者可采用变换运动部位的方法来消除疲劳，如上肢出现疲劳时可做一些慢跑运动，下肢出现疲劳时可做一些上肢运动。

(2)转换运动类型也是一种不错的放松方法，如打羽毛球出现疲劳时，可从事瑜伽运动来达到放松的目的。

(3)还可以用调整运动强度的方法来缓解疲劳，如可以在放松过程中，采用小强度的轻微运动方法等。

整理活动 见图 2-3-8

(1)整理活动是指运动后所做的一些能够加速机体功能恢复的身体活动，如剧烈运动后进行 3～5 分钟慢跑或其他整理活动，使身体机能得以恢复。

(2)剧烈运动后如不做整理活动而骤然停止动作，会影响氧气的补充和静脉血的回流，使机体血压降低，引起不良反应。

图 2-3-8

注意事项

（1）在进行整理活动时动作应缓慢、放松，运动量不要过大，否则会引起新的疲劳。

（2）在进行整理活动时，应当保持心情舒畅、精神愉快。

自我养护

锻炼后，锻炼者感觉身体疲劳是一种正常的生理现象，是体育锻炼过程中的正常反应，随着体育锻炼时间的延长，疲劳症状会自然消失。运动性疲劳出现后，锻炼者如果采用一些自我养护措施，可以加速身体机能的恢复，尽快消除疲劳，提高锻炼效果。常见的自我养护方法主要包括运动后休息、合理营养和物理手段等三种。

运动后休息

静止性休息 见图 2-3-9

（1）静止性休息是指锻炼者运动后保持机体相对的静止状态，以促进身体机能的恢复，尽快消除疲劳。

（2）静止性休息的最佳方式之一是睡眠，特别是刚开始从事锻炼者，身体不适应或疲劳症状明显时，更应该保证足够的睡眠，否则，锻炼者虽然积极参加了体育锻炼，但收效甚微，甚至会导致过度疲劳症状的发生。

（3）静止性休息更适合于消除全身运动导致的整体疲劳症状。

图 2-3-9

积极性休息 见图 2-3-10

（1）积极性休息更适合由于少量肌肉群参与工作而导致的局部疲劳，或运动强度较大而导致的快速疲劳。

（2）积极性休息可以加速血液循环，有利于代谢物排出体外，对促进身体机能的恢复具有明显的效果。

图 2-3-10

合理营养 见图 2-3-11

小强度、长时间的运动形式，主要是靠糖原的有氧代谢提供能量。运动后应及时补充淀粉类食物，如面粉、大米等，以促进消耗糖原的合成。随着人民生活水平的提高，在饮食结构中，肉类食品的比重不断增加，而淀粉类食品的比重逐渐减少，这一现象应当引起人们的注意，特别是老年人参加体育锻炼，更应注意对淀粉类食物的补充。

图 2-3-11

强度较大、时间又相对较长的运动形式，主要是靠糖原的无氧代谢提供能量。这样，糖原无氧代谢产物——乳酸便会在体内大量堆积。因此，运动后应多补充蔬菜、水果等碱性食品，以加速乳酸的清除，达到尽快消除疲劳的目的。

物理手段

按摩及牵拉 见图 2-3-12

(1)通过刺激神经末梢、皮肤结缔组织和毛细血管的按摩方法，可以使紧张的肌肉得以放松，从而改善局部组织和全身的血液循环，达到促进身体机能恢复的目的，这种方法可以在锻炼后马上进行。

(2)此外，还可以采取缓慢牵拉肌肉的方法，使收缩的肌肉得到充分的伸展放松。

水疗及电疗

(1)水疗包括芬兰式蒸汽浴、热水浴和桑拿浴等多种形式，主要作用是通过提高体温，促进血液循环，清除代谢物，以达到尽快消除疲劳、恢复体力的目的。

(2)水疗的时间一般以不超过 30 分钟为宜，如果时间过长，会进一步消耗体力，严重时甚至会出现暂时性脑缺血现象。

(3)如果条件允许，还可对疲劳的肌肉进行低频治疗。低频治疗仪的原理是模拟针灸疗法，使用时将电极用不干胶对称地粘贴在运动部位表皮上。这种疗法可以促进局部血液循环，改善组织代谢，缓解肌肉酸痛，消除疲劳。

图 2-3-12

第三章　基本技术

木兰剑的动作造型优美，伴以优雅的音乐，表现出刚柔相济的美感。基本动作包括基本手形、基本步形与步法、基本腿法、平衡动作和基本剑法等。

第一节
基本手形

木兰剑的基本手形为剑指。

剑指

动作方法 见图 3-1-1

中指、食指伸直，无名指和小指卷屈，拇指扣压在无名指和小指的第一指节上。

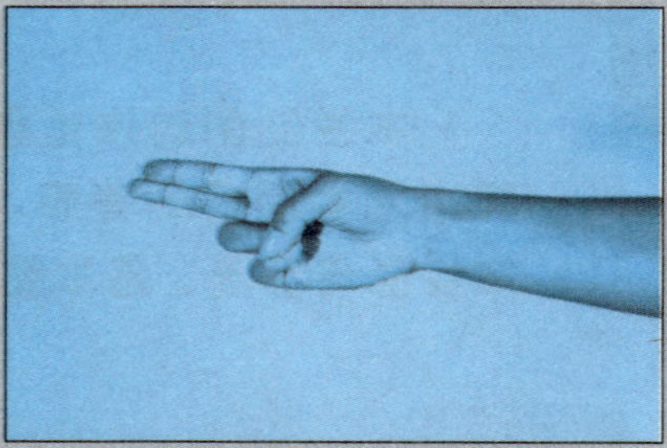

图 3-1-1

技术要点

食指、中指要并拢。

第二节

基本步形和步法

木兰剑的步形与步法跟其他武术的步形与步法基本一致，但也具有一定的自身特点。初学者要加强步形与步法练习，增进腿部的力量和速度，以提高两腿移动转换的灵活性和稳固性。

基本步形

弓步

动作方法 见图 3-2-1

(1)前腿屈膝，半蹲前弓，膝部不超过脚尖，脚尖外展 45 度，全脚掌着地；

(2)后腿自然伸直，脚尖略内扣，全脚或脚前掌着地，两腿呈一直线。

图 3-2-1

技术要点

挺胸、塌腰、沉髋，身体保持正直。

歇步

动作方法 见图 3-2-2

(1)两腿交叉，屈膝全蹲；

(2)前腿脚尖外展，全脚着地；

(3)后脚脚跟离地，臀部坐于小腿接近脚跟处。

图 3-2-2

技术要点

挺胸，塌腰，两腿交叉并贴紧。

虚步

动作方法 见图 3-2-3

(1)后腿支撑，膝略屈，脚尖外展 60 度；

(2)前腿自然伸直，脚尖外展 45 度，脚前掌着地。

图 3-2-3

技术要点

挺胸，塌腰，虚实分明。

前点步

动作方法 见图 3-2-4

(1)后腿支撑，自然伸直，脚尖外展 45 度；

(2)前腿自然伸直，脚前掌着地。

图 3-2-4

技术要点

身体挺拔，虚实分明。

坐莲步

动作方法 见图 3-2-5

（1）后腿前脚掌着地全蹲，臀部坐于小腿上；

（2）前腿自然伸直，脚尖外展 45 度，脚掌外侧着地，膝腘贴于支撑腿膝关节内侧。

图 3-2-5

技术要点

支撑腿大小腿要贴紧，重心下沉。

坐盘

动作方法 见图 3-2-6

（1）两腿交叉，叠拢下坐，臀部和后腿的大小腿外侧均着地；

（2）前腿的大腿靠近胸部。

图 3-2-6

技术要点

挺胸、塌腰、两腿靠拢并贴紧。

叉步

动作方法 见图 3-2-7

（1）两腿交叉，前脚脚尖外展 45 度，全脚着地，屈膝半蹲；

（2）后脚前掌着地，腿自然伸直。

技术要点

身体要保持正直，不可向前俯。

图 3-2-7

基本步法

木兰剑的基本步法包括上步、退步、插步、外展、内扣、外踝和内踝等。

上步

动作方法 见图 3-2-8

后脚经支撑腿内侧向前迈步，脚尖略外展，脚尖或脚跟着地。

技术要点

上步时，重心由后向前逐渐前移。

图 3-2-8

退步

动作方法 见图 3-2-9

前脚经支撑腿内侧向后退一步，前脚掌着地。

技术要点

退步时，重心由前向后逐渐后移。

图 3-2-9

插步

动作方法 见图 3-2-10

一腿屈膝支撑，另一腿经支撑腿内侧向后侧内方横插步，两脚呈交叉。

技术要点

同“叉步”，但重心要低一些。

图 3-2-10

外展

动作方法 见图 3-2-11

先脚跟着地，然后脚尖外展落地。

技术要点

动作交代清楚，脚跟、脚尖依次落地。

图 3-2-11

内扣

动作方法 见图 3-2-12

先脚跟在前方着地，然后脚尖内扣落地。

技术要点

同“外展”。

图 3-2-12

外踝

动作方法 见图 3-2-13

先前脚掌着地，然后脚跟外踝落地。

技术要点

要转踝、转髋。

图 3-2-13

内踝

动作方法 见图 3-2-14

先前脚掌着地，然后脚跟内踝落地。

技术要点

要转踝、转髋。

图 3-2-14

第三节 基本腿法

木兰剑的基本腿法不多，主要有勾踢和蹬脚等。

勾踢

动作方法 见图 3-3-1

一腿略屈支撑，另一腿勾脚尖屈膝向后摆起，脚跟擦地向前或向侧面提膝勾踢。

技术要点

踢时腿膝盖挺直。

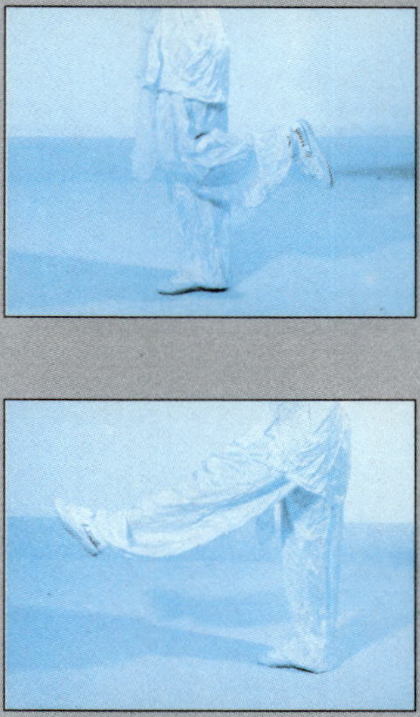

图 3-3-1

蹬脚

动作方法 见图 3-3-2

一腿支撑，另一腿屈膝提起，脚尖自然下垂，勾脚尖向前方蹬出。

技术要点

挺胸、直腰、收髋，蹬起要由屈到伸。

图 3-3-2

第四节 平衡动作

平衡动作是木兰剑中出现次数比较多的动作，具有一定的难度，要做好平衡动作，不仅要求腰、髋有较好的柔韧性，而且要有较好的肌肉控制力量。平衡动作包括提膝平衡、后举腿平衡、望月平衡和探海平衡等。

提膝平衡

动作方法 见图 3-4-1

一腿支撑直立，另一腿在体前屈膝提起，脚尖自然下垂并略内扣，大腿略高于水平。

技术要点

支撑腿平衡站稳，脚趾抓地。

图 3-4-1

后举腿平衡

动作方法 见图 3-4-2

一腿支撑直立，另一腿屈膝后抬小腿，脚掌朝上，高与臀平。

技术要点

支撑腿平衡站稳，脚趾抓地。

图 3-4-2

望月平衡

动作方法 见图 3-4-3

（1）一腿支撑直立，上体侧倾，腰向支撑腿同侧方上翻拧转，挺胸、塌腰；

（2）另一腿在身后向支撑腿同侧方上举，小腿屈收，脚面绷平，脚掌朝上。

图 3-4-3

技术要点

身体要保持平稳，头和身体向后拧转，眼睛要看见摆起脚。

探海平衡

动作方法 见图 3-4-4

(1)一腿支撑直立，上体前俯略低于水平，抬头挺胸；

(2)两手臂向前下伸出；

(3)另一腿向后举起，膝自然伸直，脚面绷平，高于躯体水平。

图 3-4-4

技术要点

支撑腿平衡站稳，脚趾抓地。

第五节 基本剑法

木兰剑吸收了其他剑术的部分动作，基本剑法包括握剑、刺剑、劈剑、崩剑、云剑、提剑、斩剑、扫剑、架剑、挂剑、穿剑、削剑和撩剑等。

握剑

动作方法 见图 3-5-1

四指卷屈握于剑把上，拇指扣压在中指、食指的第二骨节上，使剑把握于虎口中。

技术要点

五指用力，握住剑柄。

图 3-5-1

刺剑

动作方法 见图 3-5-2

立剑或平剑，臂由屈到伸使剑尖直向前方，剑与臂呈一直线。

技术要点

转腰、顺肩、直腕，力达剑尖。

图 3-5-2

劈剑

动作方法 见图 3-5-3

（1）立剑，臂与剑呈一直线由上向下劈；

（2）点剑，提腕使剑尖指向前下，臂自然伸直。

技术要点

由大臂带动小臂，从上到下用力劈出，力达剑刃。

图 3-5-3

崩剑

动作方法 见图 3-5-4

立剑，跷腕使剑身由下向上挑起。

技术要点

动作要迅速，力达剑刃。

图 3-5-4

云剑

动作方法 见图 3-5-5

平剑，以腕为轴使剑在头额前上方向左或向右平转一周。

技术要点

剑要平，手腕要灵活。

图 3-5-5

提剑

动作方法 见图 3-5-6

右手握剑，虎口朝下，剑尖朝下，平臂由下向上提起。

技术要点

要翻腕，转腕动作要迅速，力达剑刃。

图 3-5-6

斩剑

动作方法 见图 3-5-7

平剑，剑向左或向右平行摆动，剑高与肩持平。

技术要点

剑身要平，力达剑刃。

图 3-5-7

扫剑

动作方法 见图 3-5-8

平剑，向左或向右在膝下平行摆动一周或一周以上。

技术要点

重心要低，剑身要平，眼随剑走，力达剑刃。

图 3-5-8

架剑

动作方法 见图 3-5-9

立剑，剑横向上至额头上方架剑。

图 3-5-9

技术要点

要翻腕，剑身要平，力达剑刃。

挂剑

动作方法 见图 3-5-10

立剑，以剑尖为力点，剑在身体左、右两侧立圆抡转，剑在身体左侧挂一圆为左挂剑，反之为右挂剑。

图 3-5-10

技术要点

剑要贴近身体走立圆，力达剑刃。

穿剑

动作方法 见图 3-5-11

平剑，剑尖经腹间循弧形向前穿出。

技术要点

腕要灵活，腰部要用力，力达剑尖。

图 3-5-11

削剑

动作方法 见图 3-5-12

平剑，由下向斜上方摆起。

技术要点

腕要直，前臂要用力，力达剑刃。

图 3-5-12

撩剑

动作方法 见图 3-5-13

立剑，由后向下、向上摆起，臂外旋，力达剑刃。

技术要点

剑要贴近身体，眼随手动。

图 3-5-13

第四章　48式木兰剑

48式木兰剑是在木兰花架拳的基础上，吸取舞路、体操和太极拳、太极剑的部分动作而形成的一项具有自己风格特点的健身器械套路。在演练中要注意动作自然，过渡转换要紧密连接，不拙不僵。开合伸展要有韵味，特别要讲究形神兼备，气势逼人。

第一节

第一段

48 式木兰剑的第一段包括起势、前点步持剑上指、弓步持剑前指、后举腿持剑穿指、勾踢行步云剑、弓步抱剑、歇步持剑架剑指、叉步持剑穿指、叉步持剑挑指、后举腿架剑、插步下刺剑、迎面甩穗和望月平衡。

起势

动作方法 见图 4-1-1

(1)两腿自然站立，两脚跟并拢；

(2)左手持剑，右手握剑指垂于身体右侧，目视前方。

技术要点

自然站立，体态舒展。

图 4-1-1

前点步持剑上指

动作方法 见图 4-1-2

(1)屈膝旋腕，左手持剑，身体略向右转，同时两膝略屈，右剑指向前、向右、向后旋腕划一小圆，掌心向上，目视右手；

(2)上步屈肘，重心由右腿支撑，左脚向前上步，前脚掌着地，同时右手屈肘，剑指向上提至右腰侧，手心向内，左手不变，目视右侧方；

（3）前点上指，右腿挺膝直立，左脚掌略前拖，呈前点步，同时右臂向上伸直，右手剑指上指，左手不变，目视左前方。

图 4-1-2

技术要点

（1）右手旋腕弧线不宜过大，要与屈膝相配合；

（2）上步前点和上指要同时完成；

（3）动作配合协调，定势动作要挺胸、收腹、提气。

弓步持剑前指

动作方法 见图 4-1-3

（1）划弧上步，上体略右转 45 度，右腿略屈膝，左脚向左侧上步，脚跟着地，同时右臂下落外旋，屈肘向下、向右后方划弧摆起，高与肩齐，剑指斜向上，指尖朝右，左手不变，目视右剑指；

（2）弓步指决，重心前移，身体左转，左脚掌下落，腿屈膝，右脚跟外展，腿自然伸直，呈左弓步，同时右臂屈收，右剑指经右耳侧向前指出，略高于肩，指尖朝上，手心斜向前，左手持剑向左划弧至体侧，目视右剑指方向。

图 4-1-3

技术要点

（1）上步落脚与右旋臂要同时完成，屈肘与屈膝要同时完成，弓步指决与划弧持剑要同时完成；

（2）不可突臀塌腰。

后举腿持剑穿指

动作方法 见图 4-1-4

(1)右脚上步，重心前移，左腿略屈，右脚向前上步，脚前掌着地，脚尖外展，同时身体略向右转，右剑指向左划弧，手心向下，左手向上摆起至左腰侧，手心向下，目视右手；

(2)左脚上步，重心前移，右脚内落实，身体右转，左脚向前上步，脚前掌着地，踝脚尖外展，同时两臂向右平抹，左手握剑在左侧胸前，右剑指摆至体右侧，目视左前方；

(3)内拧划弧，左脚跟内踝落地，略屈膝，同时身体略向左转，左手握剑向左划弧，右剑指向下划弧至右腰侧，目视左前方；

(4)举腿穿指，重心前移至左腿，左腿直立，右腿向后抬起，脚掌斜向上，身体向左拧腰，同时右剑指向右斜上方穿出，臂伸直，手心斜向左，指尖向上，左手持剑下落至左胯旁，目视左前方。

技术要点

(1)上步转腰与划弧抬腿穿指要相互配合，动作要协调、柔和、连贯；

(2)上身要挺拔，不可前俯；

(3)支撑腿挺膝伸直，不可弯曲。

图 4-1-4

勾踢行步云剑

动作方法 见图 4-1-5

(1)擦地勾踢，上肢动作不变，右腿下落至体后，膝略屈，勾脚尖向前方脚跟擦地勾踢出；

(2)转体落步，上身动作不停，身体右转 90 度，右脚向前落步，脚跟着地，同时右臂内旋架于头前上方，手心朝外，指尖朝左斜方，左手持剑不变，随转体摆至左胯前，目视前方；

(3)转体摆脚，身体继续右转 90 度，重心前移，右脚尖外展落地，右腿屈膝，同时右手剑指向下弧形摆至体右侧，手心向下，剑指向前，左手持剑随体向上摆至左胯前，掌心向下，剑尖向后，目视前方；

（4）左脚上步，重心移至右腿，左脚经右脚内侧向右前方弧行上步，脚跟着地，双手不变，目视前方；

（5）前移提脚跟，重心前移，左脚尖内扣落地，右脚跟提起，双手不变，目视前方；

（6）转体上步，上身动作不停，身体右转 45 度，右脚经左脚内侧向前上步，脚跟着地，脚尖外展，目视右前方；

（7）抬头上托剑，重心前移，右脚踏实，左脚跟提起，同时左手持剑经体前向额头右斜上方划弧摆起，托于头前，掌心斜向上，剑穗随摆臂甩起，头向上抬起，右剑指不变，目视右前方；

（8）上步云剑，上身动作重心前移，左脚向前上步，脚跟着地，同时右臂外旋，左手持剑在头前上方云转一圈，剑穗随之向右平圆甩起，随剑转动，右剑指不变，目视剑身。

技术要点

(1)勾踢落步与转腰旋臂相互配合，上步行步与转体划弧云剑协调配合；

(2)穗子要随剑摆动，甩穗要划立圆；

(3)在划弧云剑时身体要挺拔自然，不可低头。

图 4-1-5

弓步抱剑

动作方法 见图 4-1-6

(1)左脚尖内扣，重心前移，右脚跟提起，以两脚掌为轴，身体向右后转 135 度；

(2)右腿屈膝半蹲，左腿自然伸直，脚跟提起，呈叉步；

(3)同时左臂随体转屈肘下落至腹前抱剑，手心斜向上，剑尖朝左，右剑指随体向右、向上划弧至头右上方，手心斜上，指尖朝左上方，目视剑的方向。

图 4-1-6

技术要点

(1)以双脚掌为轴，转身与剑下落、抱剑要协调配合；

(2)动作要舒展。

歇步持剑架剑指

动作方法 见图 4-1-7

(1)左前上步，重心前移，左脚向左前 45 度方向上步，脚跟着地，同时右臂外旋，手心向上，下落至腹前，左手抱剑向额前右上方抬起，目视剑身；

(2)上步云剑，左脚尖外展落地，身体左转 90 度，重心前移，右脚经

左脚跟内侧向前上步，脚跟着地，同时左手持剑，手心斜向上，剑尖朝左，剑穗随之向左摆动，右剑指臂内旋下落至右胯前，手心朝下，目视剑身；

(3)扣脚转体，右脚尖内扣落步，重心前移，右脚跟仍提起，左脚跟亦提起，均以脚前掌为轴转体，身体左转 180 度，同时左手持剑转体，臂内旋云剑至头上方，手心朝前，剑尖朝左，左手不变，目视前方；

(4)退步亮指，左脚经右脚内侧向后插步，前脚掌着地，同时右剑指向右上划弧，摆至右侧上方，手心向斜下，指尖斜朝上，左手持剑划弧下落至左胯旁，手心向后，剑尖朝上，目视前方；

(5)歇步亮指，两腿交叉屈膝全蹲，臀部坐于左腿脚跟，同时右剑指，右臂屈肘架于额头右上方亮指，指尖朝左，掌心向斜上，头向左转，目视左侧前方。

技术要点

(1)上步转身与云剑要协调，下蹲与亮指摆头要协调配合；

(2)动作要舒展，体现出精气神。

图 4-1-7

叉步持剑穿指

动作方法 见图 4-1-8

(1)起身上步，身体上起，左脚向前上步，前脚掌着地，身体略向右转，同时右剑指向下划弧至右侧后上方，高于肩，左手不变，目视右侧方向；

(2)转体划弧，右剑指继续向下、向右划弧，臂外旋，手心向上，划至右腰侧，目视右侧方；

(3)叉步穿指，左脚跟内踝落地，左腿屈膝半蹲，右脚跟离地向外跟至腿自然伸直，身体左转，呈叉步，同时指尖朝右向斜上方穿出，指尖高于肩，手心斜向上，左手不变，目视左前方。

技术要点

(1)上步与转腰、拧身、拧胯、指决要相互配合；

(2)身体略向右倾，不可直立或突臀耸肩。

图 4-1-8

叉步持剑挑指

动作方法 见图 4-1-9

(1)盖步划弧，重心前移，左脚支撑，右脚经左脚前绕步向左侧盖步，脚尖外侧着地，身体左转 90 度，同时左手持剑向上提至胸前，手心斜向前，剑尖朝下，右剑指向上，向左划弧摆至面前，手心朝内，指尖朝上，目视前方；

(2)叉步挑指，右脚跟内蹍落步，

重心前移，身体略右转，右腿屈膝半蹲，左脚跟离地，左腿自然伸直，呈叉步，同时左手持剑经右手心向前上方穿出，高与头平，手心向右前，剑尖朝下，右剑指向下、向右、向上划弧摆至体右侧，沉腕立指高于肩，手心向右侧，目视右指。

图 4-1-9

技术要点

（1）盖步提剑与右指弧形摆指、穿剑与身体右转都要协调配合，划弧上摆要沉腕立指；

（2）动作要舒展，两臂要在一条直线上。

后举腿架剑

动作方法 见图 4-1-10

（1）上步落手，身体略向左转，左脚向前上步，脚前掌着地，脚尖外展，双手臂略下沉，剑与左前臂呈水平，剑尖朝后，右剑指下落于腰侧，手心朝下，目视前方；

（2）踱脚撩指，上动不停，左脚跟内踱踏实，重心移至左腿，右脚跟提起，身体左转，同时左手持剑向下、向左弧形摆至左胯旁，手心朝后，剑尖朝上，右剑指向下、向体前撩起，掌心朝上，高与眼平，目视前方；

（3）后移接剑，重心后移，右脚跟落地，同时左手持剑向前上摆至腹前，手心向下，剑尖朝左后，右剑指前臂内旋，手心向下落于剑把上，目视双手；

（4）前移接剑，重心前移至左脚，右脚跟提起，同时右手握剑柄，目视剑尖；

（5）举腿架剑，左腿独立支撑，右腿屈膝向后、向上抬起，脚掌斜向上，高与臀平，上体左转 45 度，同时左剑指向左侧前方指出，指尖朝上，手略高于肩，右手握剑向右额前上方横架，剑尖朝剑指方向，目视右手前方。

技术要点

(1)上步重心左移与落剑转体撩指要相互协调配合；

(2)后移上摆剑与上架剑后举腿要协调完成；

(3)支撑腿要直立，上体不前俯。

图 4-1-10

插步下刺剑

动作方法 见图 4-1-11

(1)落步落手，右脚向前落步，脚跟着地，双手下落至胸前，右手腕内扣，左剑指斜向左下方，目视前方；

(2)扣脚转体，右脚尖内扣踏实，左脚跟提起，以脚掌为轴内蹍，身体左转 135 度，同时两臂外旋，两手收至腹前，手心均斜向上，剑尖朝右侧斜下方，左剑指指尖朝左侧下方，目视剑尖；

（3）插步刺剑，右腿屈膝半蹲，左脚经右腿向右后方插步，脚前掌着地，同时右手握剑向右下方立剑刺出，左剑指向左前上方指出，臂自然伸直，手心斜向上，指尖向左，两臂呈一斜直线，目视剑尖。

图 4-1-11

技术要点

（1）落脚、落剑、划弧与转身收剑要协调配合；

（2）后插步与下刺剑、上指决要同时完成；

（3）不可扭胯突臂。

迎面甩穗

动作方法

见图 4-1-12

（1）上步提剑，挺身前起，左脚向左侧上步，脚前掌着地，右腿略屈支撑，同时右臂内旋屈肘提剑至右胸前，右手心朝右，剑尖朝下，左臂屈肘划弧，左剑指落至胸前，指尖朝上，掌心朝右，目视右手；

（2）腕花甩穗，下肢不变，右手提剑向左、向右、向下转一小圈，使剑穗在体前立圆甩穗一圈，左剑指附于右腕，目视右前方。

技术要点

(1)上步与提剑要同时完成，手腕旋转一小圆，使剑穗在脸前甩一圈；

(2)腕关节要自然放松，动作要连贯。

图 4-1-12

望月平衡

动作方法 见图 4-1-13

(1)转身划弧，下肢不变，身体略向右转，右手握剑向上、向右臂外旋，向右侧方划弧，剑尖朝右，手心向上，与臂呈一直线，左剑指按立于胸前不动，目视剑尖方向；

(2)上步平斩，上动不停，左脚跟内踝踏实，身体左转 90 度，同时右脚向前上步，前脚掌着地，右手握剑向前平斩，手心向上，与肩同高，剑尖向前，左剑指仍立于胸前，目视前方；

(3)前移旋臂，上动不停，重心前移，右脚跟落地，左脚跟提起，同时右手握剑前臂内旋，手心朝下，剑尖斜向左侧后方，与肩同高，左手剑指合于右肘下方，指尖朝右，手心斜

向下，目视前方；

（4）望月斩剑，右腿直立支撑，左腿屈膝向后向上抬起，脚底朝上，高于臀部，上体前倾向右拧转，同时右手握剑向右后斜上方平斩剑，手心向下，左剑指向上划弧摆至左额前上方，目视剑尖方向。

图 4-1-13

技术要点

（1）右手立圆划弧、旋臂再向前上步平斩，要与转腰协调配合；

（2）抬腿望月斜上斩剑要求上体略前倾，要侧拧身，同时连贯完成；

（3）剑身要平斩；

（4）动作要连贯，平衡要稳。

第二节

第二段

48 式木兰剑的第二段包括虚步平斩、插步提剑、蹬脚行步穿剑、行步撩剑、弓步撩剑、转身插步斜上斩剑、上步接剑、云剑坐莲持剑、叉步持剑亮指、后举腿架剑、勾踢撩剑和坐盘反撩剑等。

虚步平斩

动作方法 见图 4-2-1

（1）落步落指，左脚向前方落步，前脚掌着地，右腿略屈支撑，同时左剑指下落至胸前高度，指尖斜朝上，目视剑尖方向；

（2）转身平斩，上动不停，下肢不变，右手握剑臂外旋，身体左转 45 度，剑随体向前平斩，高与肩平，手心向上，剑尖朝前，左剑指附于右臂内侧，手心朝前，指尖朝上，目视前方。

技术要点

(1)左脚落步与右手持剑外旋要同时完成，转体平斩时剑身要平；

(2)动作要连贯，做到虚实分明。

图 4-2-1

插步提剑

动作方法 见图 4-2-2

(1)上步平带，左脚跟内踝踏实，重心前移，右脚向前上步，脚跟着地，身体向左转 90 度，同时右手握剑向左平带，剑尖向左侧前方，手心向内，左手剑指仍附于右手臂内侧，目视剑尖方向；

(2)扣脚转体，右脚尖内扣踏实，重心前移至右脚，身体向左转 45 度，左脚跟内踝，同时右臂屈肘收于胸前，手心朝上，剑尖斜向下，左剑指附于右前臂下，手心向下，目视剑尖方向；

(3)插步提剑，右腿屈膝半蹲，左脚向右后插步，前脚掌着地，同时右臂内旋屈肘，右手握剑向右斜上方提起，与耳同高，剑尖朝下，手心向

外，左剑指附于右臂处，指尖向上，手心向右，目视剑尖方向。

图 4-2-2

技术要点

（1）上步转体与左平带剑，扣脚踉脚与屈肘收剑，后插步与上提剑都要协调配合，上下肢动作要同时完成；

（2）上提剑要贴于右耳旁，剑尖斜向下。

蹬脚行步穿剑

动作方法 见图 4-2-3

（1）提剑提膝，重心前移，右腿独立支撑，左腿屈膝提起，脚尖自然下垂，双手不变，目视剑尖；

（2）蹬脚提剑，上肢不变，右腿支撑重心，左腿向上摆起，至胸前时勾脚向前上方蹬出，脚高于胸，目视前方；

（3）落步提剑，左脚向前落步，脚跟着地，双手动作仍不变，目视前方；

（4）转体划弧，下肢不变，身体右转 45 度，右手握剑，立剑向上、向右划弧至右后上方，剑尖斜向右后上方，同时左剑指向下、向左划弧至左胯前，手心朝下，指尖朝右，目视剑尖；

（5）转体划弧，身体左转 90 度，左脚尖外展落地，同时左剑指向下、向前指，右手握剑内旋向下、向前至右胯旁，手心向内，剑尖向前，目视剑指；

（6）架剑抬腿，重心前移，左腿略屈膝支撑，右腿向后屈膝抬起，同时左剑指向上架于额前上方，手心向上，指尖向右，右手剑尖指向前下方，目视前方；

（7）勾踢穿剑，左腿略屈膝支撑，右腿勾脚尖经左脚内侧向前擦地勾踢出，同时右腕上跷，使剑尖向前方穿出，虎口朝上，手心向内，左剑指不变，目视前方；

（8）落步端剑，右脚跟落地，上肢不变，目视剑尖；

（9）移重心提脚跟，重心前移，右脚掌踏实支撑，左脚跟离地，上肢不变，目视剑尖；

（10）上步端剑，左脚向前上步，脚跟着地，上肢不变，目视剑尖；

（11）移重心上步，重心前移，左脚踏实支撑，右脚向前上步，脚跟着地，上肢不变，目视剑尖。

技术要点

(1)提腿蹬脚必须上摆脚、勾脚尖，蹬出脚时要高于胸；

(2)落步转体与剑向右上划弧要协调配合；

(3)转体扣腕持剑与后抬小腿要同时完成，擦地勾踢与穿剑要同时完成，并与行步移重心密切配合，不可小跑。

图 4-2-3

行步撩剑

动作方法 见图 4-2-4

（1）摆脚划弧，右脚尖外摆踏实，重心前移，左脚跟离地，身体略向左转，同时右手握剑把向上、向左外旋，向右划弧至右胸前，剑尖斜向右上，手心向内，剑穗随剑向上、向左、向右甩动，左剑指向左、向下落至体侧，手心向下，高与肩平，目视左剑指方向；

（2）盖步落剑，左脚经右脚内侧向右前 90 度盖步，脚前掌着地，同时右手握剑向下、向右划弧至右腹前，手心向内，剑尖斜向下，左剑指下落至左胯旁，手心朝前，指尖朝左后方，目视左剑指；

（3）上步提剑，重心前移，左脚踏实，右脚向右前上步，脚跟着地，同时右臂内旋向右上划弧，手心向下，剑尖朝左下方，左剑指随之向前摆动，目视剑把；

（4）上步架剑，重心前移，右脚踏实，左脚向前上步，脚跟着地，脚尖略外展，重心前移，左脚踏实，右脚跟离地，同时右手剑把上提至右额上方，手心朝外，剑尖斜向下，左掌手心向前弧形撩起至体前，指尖斜向下，目视剑指方向。

技术要点

（1）持剑向左划弧与转体要协调配合，行步与移重心撩剑要协调配合；

（2）上身动作要自然舒松。

图 4-2-4

弓步撩剑

动作方法 见图 4-2-5

（1）上步架剑，左腿略屈支撑，右脚向前上步，前脚掌着地，同时右手握剑提至头右上方，手心朝外，剑尖向前下方，左剑指向前摆至胸前，手心向上，指尖朝前，目视前方；

（2）转体落剑，右脚跟向内蹍，重心移至右脚，右腿略屈支撑，左脚跟离地，身体右转 90 度，同时右手握剑扣腕，剑把向后、向下落至体右侧，剑尖朝上，手心向前，左剑指向上弧形摆至右肩前立指，手心向右，目视右手；

（3）上步划弧，左脚向前上步，脚前掌着地，脚尖外展，同时右手剑尖向下划弧，左剑指向下落至腹前，

手心向下，目视剑尖；

（4）弓步撩剑，左脚跟内踝踏实，左腿屈膝半蹲，右腿自然伸直，呈左弓步，同时身体左转 90 度，右手握剑向下经体侧向前上立剑撩起与肩同高，手心斜向上，左剑指向左、向上划弧架于头上方，目视前方。

图 4-2-5

技术要点

（1）转体后划弧要贴近身体走立圆，上步弓步与撩剑要同时完成，要用腰带动身体；

（2）动作配合要协调，按照动作方法逐一进行。

转身插步斜上斩剑

动作方法 见图 4-2-6

(1)上步摆剑，重心前移，左脚支撑，右脚向右前 45 度上步，脚跟着地，身体略向左转，同时右手握剑上摆至面前，剑尖高于头上方，手心斜向上，左剑指下落至右肘内侧下方，手心向下，指尖朝右，目视剑的方向；

(2)扣脚转体，右脚尖内扣，身体左转，重心右移，右腿略屈，左脚跟内踝，同时右手握剑向下、向左、向上划弧屈肘收于肩前，剑身呈水平，剑尖朝左侧，左剑指略向内合于右肘下，目视剑尖；

(3)插步平斩，右腿屈膝半蹲，左脚经右脚内侧向右后插步，脚前掌着地，腿自然伸直，同时右手握剑向右侧上方平斩，手心向下，左剑指向下、向上架至左侧头上方，手心向上，剑指朝右，上体向右拧转，目视剑尖。

图 4-2-6

技术要点

（1）上步划弧与扣脚转体平划弧要协调一致，后插步与右平斩剑要同时完成，上体向右拧转，身体略侧倾；

（2）身剑协调，眼随手走。

上步接剑

动作方法 见图 4-2-7

（1）重心前移，左脚向左前上步，脚尖外展，前脚掌着地；

（2）同时右臂屈肘向左平云剑至额前上方，手心向下，剑尖朝左，左手臂外旋，手心朝上接剑，目视剑尖。

图 4-2-7

技术要点

（1）上步接剑与屈肘云剑动作要协调一致；

（2）接剑要自然、协调。

云剑坐莲持剑

动作方法 见图 4-2-8

（1）上步云剑，重心前移，左脚跟内蹍，身体左转 45 度，左腿略屈膝，右脚向前上步，脚跟着地，同时右手握剑向左、向后旋腕云剑，手心朝上，剑尖朝后方，左剑指向下落至左胯旁，手心斜向后，指尖朝前，目视前方；

（2）扣脚转身，右脚掌内扣落地，身体左转 45 度，上肢动作不变，目视前方；

（3）转身虚步云剑，重心移至右腿，右膝略屈，身体向左转 135 度，左脚跟离地向内蹍，呈左虚步，同时左手握剑旋腕向右划弧至左额前上方，手心向上，剑尖朝前，右手不变，目视左腕；

（4）坐莲步持剑，右腿屈膝全蹲，右脚跟离地，臀部坐于右脚跟上，左腿前、脚掌外侧擦地向前伸直，呈坐莲步，同时上体略向左转，左手握剑臂内旋向下、向左划弧至左胯旁，手心向后，剑尖向上，右剑指向右、向上跷腕摆至头右上方亮指，手心斜向上，指尖朝左，头向左转，目视左前方。

技术要点

（1）转体、上步、握剑、云摆与扣脚、转体、落剑要协调一致，下蹲坐莲与划弧架指要同时完成；

（2）保持身体正直，摆头向左；

（3）下蹲坐莲动作要到位。

图 4-2-8

叉步持剑亮指

动作方法 见图 4-2-9

（1）弓步落指，右脚蹬地，上身前起，右腿伸直，脚跟离地，重心前移，左腿屈膝半蹲，呈左弓步，同时右剑指臂外旋下落到胸前，手心朝上，指尖朝前，左手不变，目视前方；

（2）上步旋腕，右脚向左前 45 度方向上步，脚跟着地，同时右剑指臂内旋向右、向下弧形摆起，手心朝下，指尖朝右，与肩同高，左手握剑动作不变，目视右剑指方向；

（3）扣脚转体，接上动，右脚内扣落地，身体向左转 90 度，重心移至右腿，右膝略屈，上肢动作不变，目视右剑指方向；

（4）踝脚摆指，上动不停，左脚跟内踝，左脚前掌虚点地面，身体左转 90 度，同时右剑指臂外旋，手心向左随体向左摆至体前，指尖向前，左手

持剑不变， 目视指尖方向；

(5)插步沉腕，重心移至右腿，右腿屈膝半蹲，左脚经右脚内侧向右后方插步，前脚掌着地，左腿自然伸直，同时右手臂屈肘沉腕立剑指于左前方，左手持剑向上抬起，高与肩平，扣腕立剑于体前方，头向右转，目视右前方。

图 4-2-9

技术要点

(1)弓步落指与上步划弧摆指要协调，扣脚踉脚与转体要一致，插步与沉腕立指摆头要同时完成；

(2)动作要舒展，要体现出精气神。

后举腿架剑

动作方法 见图 4-2-10

(1)上步持剑，重心前移，身体上起，左脚向前上步，脚跟着地，身体左转 90 度，同时左手持剑腕向上抬至胸前，手心朝下，剑尖朝左后方，右手下落至左腕处，目视剑把；

(2)上步接剑，重心前移，左脚掌内扣踏实，左膝略屈，右脚向右前上步，脚跟着地，身体略向右转，同时右手接剑，手臂外旋，手心向上，剑尖朝右，左剑指内旋，手心朝下，附于右手腕处，目视剑尖；

(3)转身划弧，右脚尖外展落地，重心前移，左脚跟提起，向右前上步，身体右转 180 度，随转体左脚跟继续提起，同时右手握剑随转体向右、向上划弧至右上方，穗随剑转甩，手心斜向右，左手剑指上抬，指向右上，手心向前，目视剑尖；

(4)盖步穿剑，接上动，左脚经右脚前向右盖步，脚前掌着地，同时右手向左、向下摆至左胸前，虎口斜朝上，剑尖朝右上方，左剑指附于右前臂内侧立腕，自视剑尖；

(5)移重心抬脚跟，上动不停，重心前移，左脚踏实，右脚跟离地，同时右手臂内旋向下、向左划弧至腹前，

手心朝下，剑尖朝左侧，左剑指附于右前臂，目视剑尖方向；

（6）抬腿架剑，上动不停，左脚直立支撑，右腿屈膝向后抬起，脚掌斜向上，高与臂平，同时右手握剑向头上架起，手心朝外，剑尖朝左，左剑指向左侧方指出，指尖向上，目视左指方向。

技术要点

(1)上步抬臂与上步转体接剑要互相配合，盖步旋臂与转体划弧甩剑穗要协调完成；

(2)上步架剑与后举腿要同时完成；

(3)上体不可前俯，甩穗要随剑走立圆，动作要与腰轴转动密切配合。

图 4-2-10

勾踢撩剑

动作方法 见图 4-2-11

(1)落腿架剑，右上肢动作不变，身体直立，右腿在体后略下落，同时左剑指向上略起，高与肩平，目视左剑指；

(2)勾踢撩剑，上动不停，左脚跟提起，以前脚掌为轴向左蹍转身 90 度，随之右脚跟经左脚内侧向左前擦地勾踢至高于左膝，同时左剑指向右、向下、向左、向上弧形摆起，架于左额前上方，手心朝上，指尖朝右，右手握剑臂外旋使剑向右、向下、向左、向上弧形上撩至脸前，手心朝上，剑尖斜向前，剑穗随剑甩起，目视右手。

技术要点

(1)右腿略下落与转体撩剑、擦地勾踢要同时进行；

(2)上体保持正直，不可前俯或后仰；

(3)剑走立圆，贴近身体。

图 4-2-11

坐盘反撩剑

动作方法 见图 4-2-12

(1)落步划弧，右脚向前落步，脚跟着地，上体左转 45 度，同时右手握剑向上、向左、向下划弧摆至左肩前，手心朝里，剑尖朝后，左剑指向左、向下、向右划弧至右臂下，手心朝下，指尖朝右，目视前方；

(2)扣脚划弧，右脚尖内扣落地，身体略向左转，重心移至右腿，两腿略屈膝，同时右手握剑向左下方划弧至胸前，手心朝下，剑尖朝左，左剑指不变，目视前方；

(3)坐盘反撩剑，接上动，双腿屈膝下蹲，左腿经右腿后向右插出，两腿交叉叠拢，右腿在上，臀部和左腿的大、小腿外侧均着地，呈坐盘，同时右手握剑手臂内旋，向右后方撩出，剑与臂呈一直线，手心朝后，剑尖斜向上，左剑指向下、向左划弧至左耳侧，上体侧前倾右拧，头向右转，目视剑尖方向。

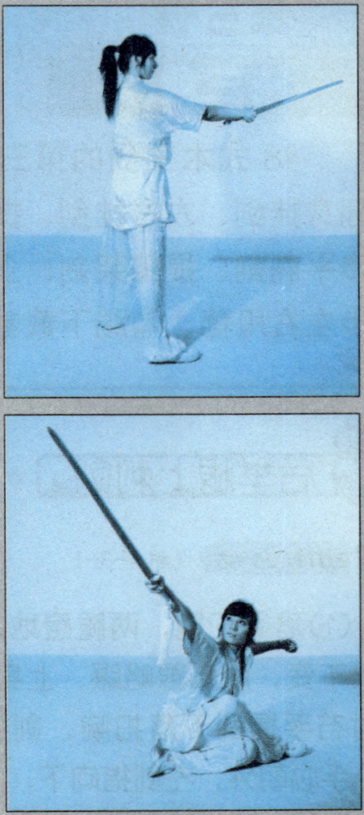

图 4-2-12

技术要点

（1）落地转体划弧与后撤步下蹲转体反撩剑要协调一致完成；

（2）上体要向左侧倾，不可弓背。

第三节
第三段

48 式木兰剑的第三段包括后举腿上刺剑、提膝提剑、翻身挂剑、左右挂剑、提膝提剑、云穗插步平刺剑、转身上步平刺剑、提膝架剑、上步探海平衡、后举腿架剑、转身退步左右甩穗、勾踢下截剑和提膝上刺剑等。

后举腿上刺剑

动作方法 见图 4-3-1

(1)落剑扣腕，两腿蹬地，下肢交叉不变，两脚跟略蹍，上身前起，同时右手握剑下落扣腕，剑尖斜向前，手心朝外，左剑指向下，向左划弧至腹前，目视剑把；

(2)上步持剑，上体左转 90 度，左脚向前上步，前脚掌着地，同时右手握剑腕外旋，向下、向前收至右胯旁，手心斜向下，剑尖斜向前，左剑指摆至腹前，手心斜向下，左剑指朝右，目视左剑指；

(3)移重心平端剑，重心前移，左脚跟内蹍踏实，膝略屈，同时左剑指上摆架于左额前上方，手心朝上，指尖朝右，右手外旋握剑扣腕平端剑于腹前，目视剑尖；

(4)举腿刺剑，上动不停，左腿直立支撑，右腿屈膝向后抬起，脚掌斜朝上，高与臀平，上体略向前倾，同时右手握剑向前上方刺出，剑身要平，剑尖高于头，左剑指不变，目视剑尖。

图 4-3-1

技术要点

(1)蹬地前起与落剑扣腕要同时完成；

(2)转体上步抬腿挂剑向前上刺，要互相协调一致，同时完成；

(3)上体略前倾，但不可前俯。

提膝提剑

动作方法 见图 4-3-2

(1)落步划弧，右脚经左脚内侧向前落步，脚跟着地，身体左转，同时右手握剑臂外旋，向左、向下划弧至腹前，手心朝内，剑尖朝左斜上方，左剑指下落于右手腕处呈立指，目视剑身；

(2)提膝提剑，上动不停，右脚尖

内扣并踏实，重心右移，身体略左转，右腿独立支撑，左腿屈膝在体前提起，脚尖自然下垂，同时右手握剑向下、向右、向上划弧，摆至头前上方，手心朝前，剑尖斜向左下，左剑指向左下摆至左胯侧前，手心斜向下，指尖朝上，目视左前下方。

图 4-3-2

技术要点

（1）落步转体划弧与摆脚转体提膝上提剑要协调一致，同时完成；

（2）不可弓背塌腰，支撑腿要直立。

翻身挂剑

动作方法

见图 4-3-3

（1）落步架剑，左脚向左侧方落步，脚跟着地，身体略转，目视左侧方；

（2）移重心提脚跟，重心移至左腿，左脚尖外摆踏实，身体向左转 90 度，右脚跟提起，同时右手握剑向前落，左剑指落至胯前方，目视剑尖；

（3）上步转身，上动不停，左脚蹬地，右脚上前轻跳落步，同时右手下落扣腕使剑向左、向下划弧，手心向后，剑尖朝左，左剑指向左摆至左胯旁，手心朝下，指尖朝右前，目视剑把；

（4）插步拧身，上动不停，左脚经右脚内侧向后、向右侧插步，脚前掌着地，身体略向左上翻，同时右手握剑向左、向上划弧，剑尖朝上，左剑指向左侧上方摆至头上方，目视剑尖；

（5）转身挂剑，上动不停，以两脚前掌为轴，身体继续向左后翻转一周，重心落于左脚，右脚跟提起，同时右手握剑向上随翻身挂剑划一圆弧，剑尖斜向下，剑穗随剑甩转，左剑指随翻身划弧落于右肩前立指，目视剑尖方向。

技术要点

（1）落步转体、上步蹬地跳起翻身与挂剑呈立圆要协调，剑要贴身走立圆；

（2）眼随手动，上下肢要协调。

图 4-3-3

左右挂剑

动作方法 见图 4-3-4

（1）转身左挂剑，上动不停，身体略转，右手握剑扣腕向左、向上划弧挂剑，剑尖朝右斜上方，左剑指不变，目视剑尖；

（2）上步转身，上动不停，右脚向前上步，脚前掌着地，脚尖略外展，身体右转 90 度，同时右手握剑扣腕使剑尖向上、向前、向右挂剑，剑穗随剑甩起，左剑指不变，目视剑尖；

（3）转体挂剑，右脚跟内踝，重心移至右脚，身体向右转 90 度，左脚跟离地，同时右手握剑外旋提腕使剑尖向下、向右划弧挂剑至右后方，臂与剑呈一直线，手心向前，立剑于右侧后，左剑指不变，目视剑尖。

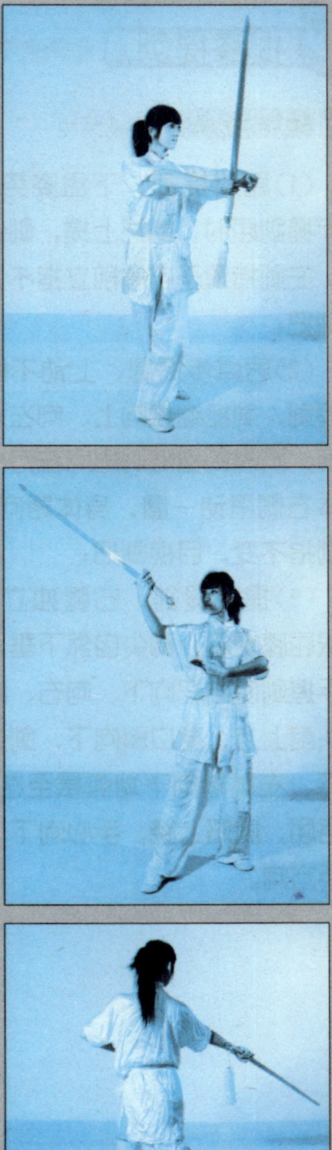

图 4-3-4

技术要点

（1）左挂剑、上步右挂剑要贴身协调打圆、连贯；

（2）要以腰轴转动带动剑法。

提膝提剑

动作方法 见图 4-3-5

(1)屈肘提剑，下盘姿势不变，右手握剑屈肘，剑把上提，剑尖斜向下，左剑指置于右肩前立指不变，目视剑把；

(2)后点步提剑，上动不停，右手握剑，剑把继续向上、向左划弧至脸前，同时剑穗随剑甩向左方使剑穗在体右侧甩动一圈，身体略向左转，左剑指不变，目视剑把；

(3)提膝提剑，右腿独立支撑，左腿屈膝提起，脚尖自然下垂，同时右手握剑使剑把向下、向右、向上提至头前上方，虎口斜向下，剑尖斜向左下，左剑指向下划弧摆至左胯旁，臂略屈，腕略上跷，手心向下，目视左手方向。

技术要点

（1）转体右后刺剑，向左甩穗一周，再提膝提剑；

（2）动作要稳，要协调自然，全身放松。

图 4-3-5

云穗插步平刺剑

动作方法 见图 4-3-6

（1）落步提剑，身体略左转，左脚向前落步，脚前掌着地，脚尖外展，同时右手握剑下落，提剑垂直于体前，手心向外，虎口朝下，左剑指向上，两手于体前相合，左剑指附于右前臂处，目视剑把前方；

（2）移重心云穗，左脚跟内蹍踏实，重心移至左腿，右脚跟离地，右手握剑抬头，使剑把在头上方向左、向后、向右平绕一圈，剑穗随剑甩动一圈，左剑指收至右肩前，目视右手；

（3）上步转身收剑，右脚向前上步，脚跟先着地，再前掌内扣落地，重心移至右脚，身体左转 45 度，同时右手握剑臂外旋，屈肘收至腹前，手心朝左，剑尖朝前，左剑指收至腹前，

手心朝下，指尖朝右，目视前方；

（4）插步刺剑，右腿屈膝半蹲，左脚经右腿后向右侧后插步，前脚掌着地，腿自然伸直，同时右手握剑向右侧立剑刺出，剑与臂呈一直线，手心向前，虎口朝上，左剑指向左、向上划弧摆至额前上方亮指，手心朝上，指尖朝右，目视剑尖方向。

图 4-3-6

技术要点

（1）落步转体与双手体前相合要同时完成，握把云穗与抬头要协调一致；

（2）上步旋臂与屈肘收剑要一致，插步架指与平刺剑要同时完成；

（3）动作要做到位，身体不可前俯。

转身上步平刺剑

动作方法 见图 4-3-7

（1）上步扣腕持剑，身体向左转，左脚向前上步，脚前掌着地，同时右手握剑臂内旋，手腕内扣，使剑尖斜向下，手心向内，左剑指向左、向下落至左肩前，指尖斜向上，手心斜向下，目视左前方；

（2）弓步刺剑，左脚跟内踝踏实，左腿屈膝半蹲，右腿自然伸直，呈左弓步，身体左转 90 度，同时右手握剑经右腰侧向前立剑刺出，虎口向上，剑尖与臂呈一直线，左手剑指随剑下落至右前臂内侧立指，目视剑尖方向。

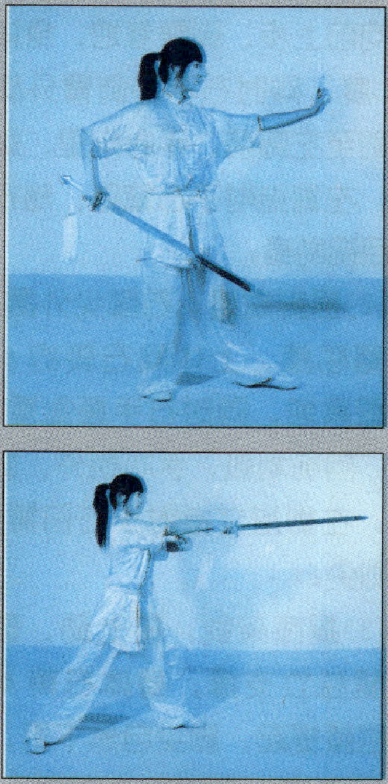

图 4-3-7

技术要点

（1）转身上步与提剑，转身弓步与平刺剑都要同时完成；

（2）动作要协调，弓步刺剑，力达剑尖。

提膝架剑

动作方法 见图 4-3-8

（1）上步收剑，重心移至左脚，右脚向前上步，脚跟着地，身体左转约 45 度，同时右手握剑臂外旋，屈肘收剑至左胸前，手心向里，剑尖斜向上，左剑指附于右腕处，随右臂运动，目视剑身；

（2）摆脚划弧，右脚尖外摆踏实，右腿略屈膝，上体向右转约 45 度，左脚跟离地，同时右手握剑臂内旋，向右、向前划弧，手心朝外，剑尖斜向下，左剑指立指附于右前臂内侧，目视剑尖；

（3）提膝架剑，接上动，重心移至右腿独立支撑，身体右转 45 度，左腿屈膝提起，脚尖自然下垂，同时右手握剑向上划弧至右额头上方架剑，虎口朝左，剑尖朝左前方略向下，左剑指随右臂运动至右肘前立指，目视左前方。

技术要点

（1）上步握剑划弧与转身要密切配合，右转体提膝与右手握剑划弧上架要协调配合，同时完成；

（2）支撑腿要直立，不可耸肩、塌腰。

图 4-3-8

上步探海平衡

动作方法 见图 4-3-9

（1）落步划弧，身体向左转 90 度，左脚向前落步，脚前掌着地，两手同时向外、向下、向两侧划弧至腰侧，手心向下，右手握剑，剑尖向前，目视前方；

（2）上步合抱，左脚跟落地，左腿略屈膝，右脚向前上步，前脚掌着地，两手同时向下合于腹前，手心斜向上，剑尖斜向前，左手剑指变掌，掌心朝上，抱于右手下，目视前方；

（3）探海刺剑，重心前移，右脚跟落地，右腿独立支撑，左腿自然伸直向后摆起，脚面绷平，高于头，上体前俯呈水平，头略抬起，剑尖向斜前上方刺出，目视剑尖。

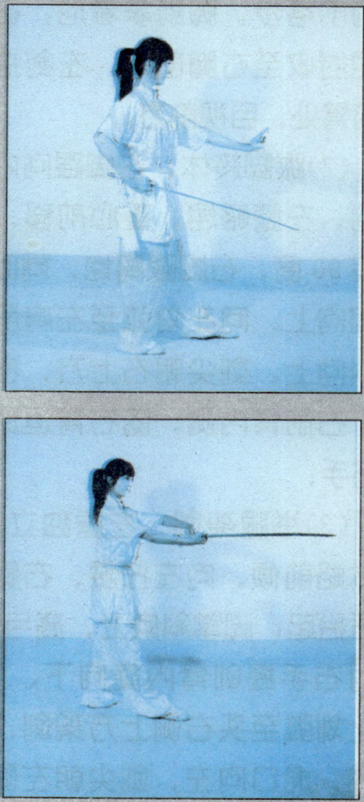

技术要点

（1）落步转体落剑与上步双手抱剑要协调配合，探海上刺剑时支撑腿要直立，上身前俯；

（2）动作要连贯一致，平衡动作要稳。

图 4-3-9

后举腿架剑

动作方法 见图 4-3-10

（1）落步收抱剑，上体前起，左脚向前落步，脚前掌着地，右手握剑屈肘收至右胸前方，左剑指附于右前臂处，目视前方；

（2）踞脚转体，左脚跟向内拧转落地，左膝略屈，重心前移，身体左转 90 度，右脚跟离地，同时右手握剑向上、向左划弧至左肩前，虎口斜向上，剑尖朝右上方，左剑指附于右前臂内侧，随右臂运动，目视右手；

（3）举腿架剑，左腿独立支撑，上体略前倾，向左拧腰，右腿屈膝向后抬起，脚掌斜向上，高与臀平，同时右手握剑臂内旋向下、向右、向上划弧至头右侧上方架剑，手心朝外，虎口向左，剑尖朝左侧斜下方，左剑指随右手运动，仍附于右肘前，目视左前方。

图 4-3-10

技术要点

(1)落步与虚步抱剑要同时完成，转体与带剑划弧要协调一致；

(2)抬腿后举与划弧架剑要同时完成；

(3)剑要贴身，身剑配合要紧密。

转身退步左右甩穗

动作方法 见图 4-3-11

(1)转身盖步，右脚经左脚前向左侧盖步，前脚掌着地，同时左脚以前脚掌为轴脚跟内转 90 度，身体向左转 90 度，右手握剑手腕内扣，使剑身向右、向下、向前撩出至体前，手臂外旋，手心斜向上，剑尖略向下，左剑指向下、向左、向上划弧摆至额前上

方，指尖斜向下，目视前方；

(2)背手甩穗，上动不停，两脚动作不变，身体向左转 120 度，右手握剑屈肘，用剑把向上、向左、向下划弧至左肩前，剑身随之向上、向左划弧，手心朝内，虎口向上，剑尖斜向右前，剑穗随之向上、向左甩转，左剑指向后、向下划弧至腰后，手背贴于左腰后，目视左前方；

(3)退步甩穗，上动不停，右脚向后退步，身体右转 120 度，同时右手握剑使剑把向下、向前、向上划弧甩穗至右前上方，剑身随之向左、向下、向上、向右划一立圆撩至体前，手心向外，左剑指在腰后不变，目随视右手；

(4)退步甩穗，上动不停，重心后移，左脚向后退步，身体左转约 120 度，同时右手握剑使剑把向后、向下、向前、向上、向左划一立圆，甩穗至左肩前，剑身随之划圆撩至左体前，手心向内，左剑指在腰后不变，目随视右手；

(5)退步甩穗，上动不停，重心后移，右脚向后退步，身体右转约 120 度，同时右手握剑使剑把向下、向前、向上划一立圆，甩穗至右额前上方，剑身随之向左、向下、向前、向上划一立圆，撩至体前，左剑指在腰后不变，目随视右手；

(6)退步甩穗，上动不停，重心后移，左脚向后退步，身体左转约 120 度，同时右手握剑使剑把向右后、向下、向前、向上，向左划一立圆，甩穗至左肩前，剑身随之划一立圆撩至体前，左剑指在腰后不变，目随视右手；

(7)退步甩穗，上动不停，重心后移，右脚向后退步，脚前掌先着地，身体向右转 45 度，右脚跟落地，同时右手握剑使剑把向下、向前、向上划一立圆至右额前上方，剑身随之向左、向下、向前、向上划一立圆撩至体前，左剑指在腰后不变，目随视右手；

(8)转体抬腿，左脚向左摆步，身体左转约 120 度，重心由左腿支撑，右小腿随转体向前提，并屈膝向后抬起，同时右手握剑使剑把向后、向下、向前、向上、向左划一立圆，甩穗至左胸前，虎口朝上，剑身随之划一立圆，撩至体前立剑，剑尖朝左斜上方，左剑指附于右臂处，目视剑尖方向。

技术要点

（1）转体落步与划弧撩摆剑要协调一致，体向左转、剑向上划弧撩摆与剑指贴右臂要同时完成；

（2）退步甩穗要与步法转腰密切配合，左右呈立圆；

（3）眼随剑走，身体保持平稳。

图 4-3-11

勾踢下截剑

动作方法 见图 4-3-12

（1）左腿不变，右脚经左脚内侧向左斜前方擦地勾踢，脚尖勾起，高于左膝；

（2）同时右手握剑臂内旋，使剑身摆至右后下方呈下截剑，虎口斜向下，剑尖朝后下方，左剑指向左上摆起，手心斜向上，目视剑尖。

图 4-3-12

技术要点

（1）右脚向左斜前方擦地勾踢要与下截剑同时完成；

（2）身体不可后倒，只可拧身；

（3）脚要勾起，高度不要过腰。

提膝上刺剑

动作方法 见图 4-3-13

（1）转体落步，接上动，身体右转约 135 度，右脚向前落步，脚跟着地，双手不变，随体右转，目视剑尖；

（2）提膝上刺剑，上动不停，重心前移，右脚掌踏实独立支撑，左腿在体前屈膝提起，脚尖自然下垂，上体略左转，同时右手握剑先屈肘跷腕，再将臂伸直，使剑尖朝上刺出，手心朝左，左剑指下落至右肩前立指，头向左转，目视左前方。

图 4-3-13

技术要点

（1）转身落步与提膝上刺要协调一致，提膝与上刺要同时完成；

（2）提膝脚尖要绷直。

第四节

第四段

48 式木兰剑的第四段包括歇步扫剑、虚步提剑、插步点剑、进退步左右挂剑、插步下刺剑、歇步架刺剑、转身虚步刺剑、叉步提剑、甩穗后举腿挑剑、转身云剑、前点步持剑亮指和收势。

歇步扫剑

动作方法 见图 4-4-1

(1)落步盖剑，身体左转 90 度，左脚向左侧落步，先脚跟着地，再脚尖外展踏实，同时右手握剑向前下落至肩前，呈盖剑，腕略内扣，剑尖朝左后上方，左剑指下落至右臂下方，手心向下，指尖朝右后方，目视剑尖；

(2)歇步扫剑，上动不停，以左脚跟和右脚掌为轴向左转 45 度，身体随之转 45 度，双腿屈膝全蹲，右脚跟离地，臀部坐于右小腿上，呈歇步，同时右手握剑向右下方划弧扫出，手心向下，剑尖斜向下，左剑指向左上方架指，手心斜向上，头向右转，目视剑尖方向。

图 4-4-1

技术要点

(1)落步下蹲与转体歇步划弧扫剑要同时完成，上体不可歪斜；

(2)剑要贴身，眼随剑走，要体现出精气神。

虚步提剑

动作方法 见图 4-4-2

(1)上步划弧持剑，两脚蹬地，身体起立，右脚向右前上步，前脚掌着地，同时右手握剑手臂外旋向上、向左划弧至左胸前，手心朝内，剑尖朝右斜上，左剑指向下落于右前臂内侧，目视剑尖；

(2)上步虚步提剑，右脚跟内踝踏实，重心前移，右腿略屈，身体右转90 度，左脚向前上步，脚前掌着地，呈左虚步，同时右手握剑向下、向右、向上划弧，剑把上提至体右侧，手心斜向右，剑尖斜向下，左剑指随右手运动，目视剑尖方向。

图 4-4-2

技术要点

(1)右脚向右前上步要与右手握剑划弧相配合，上左步与转身撩剑上提剑要协调配合，注意立腰；

(2)身剑配合要协调，虚步要虚实分明。

插步点剑

动作方法 见图 4-4-3

(1)盖扣步转体，左脚跟内踝踏实，身体左转 45 度，重心前移，右脚向左脚前盖扣步，两手随转体移动，目视左前方；

(2)插步点剑，上动不停，左脚经右脚后向右侧后插步，脚尖点地，身体右转 90 度，同时右手握剑使剑尖从左向上、向右、向下划一立圆，手腕上提，剑尖向下点剑，手心向前，左剑指臂外旋向下、向左、向上划弧至头上方翻腕上架，手心朝上，目视剑尖。

图 4-4-3

技术要点

(1)踝脚转体与双手的随转要一致；

(2)后插步与点剑要同时完成，两臂要呈斜直线。

进退步左右撩剑

动作方法 见图 4-4-4

(1)上步提剑，左脚向左前上步，前脚掌点地，右手握剑，手腕内扣提剑，虎口与剑均向斜下方，左剑指下落至右胸前立指，目视左前方；

(2)甩穗提剑，上动不停，下肢不变，身体向右转 90 度，同时右手握剑用力向左、向上甩穗，使穗子抡转一圈，随之右手臂外旋向右、向下、向左划弧提至胸前，手心翻向上，虎口朝下，剑尖随手划一立圆，左剑指附于右腕处，目视剑尖；

（3）左转挂剑，上动不停，两脚不动，身体右转约 135 度，同时右手握剑使剑尖向下、向后、向上划立圆挂剑，虎口及剑尖均向上，左剑指向下收于右胸前立指，目视剑尖；

（4）左退步挂剑，左脚向后退步，身体左转约 180 度，右脚跟外踝，同时右手握剑使剑尖向上、向前、向下、向左划立圆挂剑，剑穗随挂剑甩转，左剑指向下、向后背贴于腰部，掌心朝后，目视剑尖；

（5）右退步挂剑，右脚向后退步，前脚掌着地，身体右转约 180 度，同时右手握剑使剑尖向左后、向上、向前、向右后划立圆挂剑，剑穗随挂剑甩转，左剑指在腰后不变，目视剑尖；

（6）左退步挂剑，左脚向后退步，前脚掌着地，身体左转约 180 度，右脚跟外踝，同时右手握剑向上、向前、向下、向左后划立圆挂剑，剑穗随挂剑甩转，左剑指在腰后不变，目视剑尖；

（7）进半步挂剑，右脚向前进半步，脚尖略外展，左脚跟外摆，身体

右转约180度，右手握剑使剑尖向后、向上、向前、向后划立圆挂剑，左剑指在腰后不变，目视剑尖；

(8)左进步挂剑，左脚向前上步，身体左转约180度，同时右手握剑使剑尖向后、向上、向前、向左下划立圆挂剑，左剑指在腰后不变，目视前方。

技术要点

(1)上步与提剑要同时完成，左、右挂剑要与上步、退步转体配合一致；

(2)挂剑时剑要贴身，甩穗要随剑左右呈圆；

(3)不要用拙劲，要注意用腰带动臂的动作。

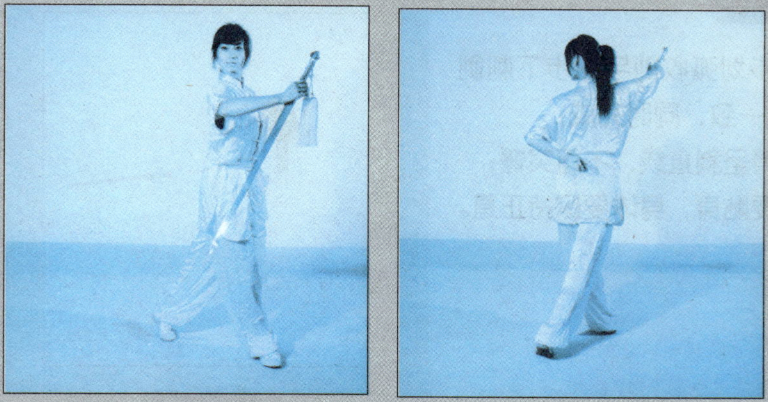

图 4-4-4

插步下刺剑

动作方法 见图 4-4-5

(1)上步划弧持剑，两脚蹬地，身体起立，右脚向右前上步，前脚掌着地，同时右手握剑手臂外旋向上、向左划弧至左胸前，手心朝内，剑尖朝右斜上，左剑指向下落于右前臂内侧，目视剑尖；

(2)上步虚步提剑，右脚跟蹦踏实，重心前移，右腿略屈，身体右转 90 度，左脚向前上步，前脚掌着地，呈左虚步，同时右手握剑向下、向右、向上划弧，剑把上提至体右侧，手心斜向右，剑尖斜向下，左剑指随右手运动，目视剑尖方向。

技术要点

（1）上步划弧收剑与插步下刺剑动作要连贯一致，同时完成；

（2）双臂呈斜直线，不可突臂；

（3）剑要贴身，身体要保持正直。

图 4-4-5

歇步架刺剑

动作方法 见图 4-4-6

（1）盖步扣腕，右脚支撑身体上起，左脚蹬地经右脚前向右侧盖步，前脚掌着地，同时右手握剑跷腕使剑尖斜向上，手心朝外，左剑指跷腕落至体前，指尖向上，目视剑尖；

（2）歇步架刺剑，上动不停，左脚跟内蹍踏实，双腿交叉，重心右移，右脚跟离地，双屈膝全蹲，臀部坐于右腿脚跟处，呈歇步，同时右手握剑使剑尖经头上方向左刺出，虎口及剑尖均朝左，剑平架于头上方，左剑指向右下落至右臂内侧立指，头向左转，目视剑尖方向。

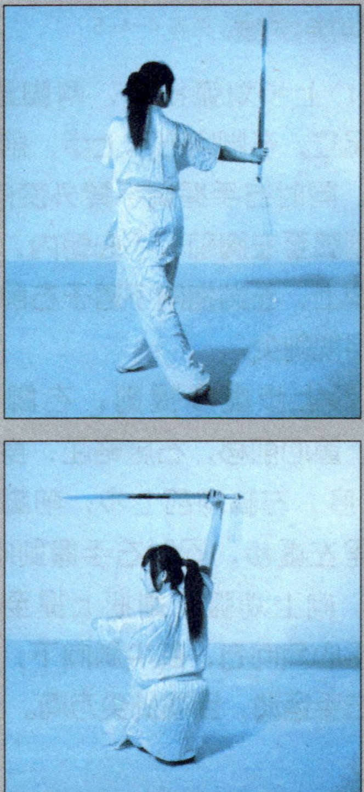

图 4-4-6

技术要点

(1)绕上步呈盖步屈膝下蹲与上架剑要协调一致，同时完成；

(2)上体不可前俯，架剑后必须摆头左视；

(3)上下肢配合要协调，身体要保持正直。

转身虚步刺剑

动作方法 见图 4-4-7

(1)后点步持剑，两脚直立站起，重心移至左脚，右脚跟离地，同时右手握剑，使剑尖向右、向下划弧至体右侧，臂内旋，虎口向下，剑尖斜向左下，左剑指向下、向左划弧至体左侧，指心斜向外，指尖朝左，目视剑指；

(2)上步刺剑，上动不停，以左脚掌为轴，身体向左转 135 度，右脚向前落步，脚跟着地，同时右手握剑经腹前平剑向前上方刺出，臂略屈，手心向上，剑尖高于头，左剑指向上划弧架于额前上方，手心向上，指尖朝右，目视剑尖方向。

图 4-4-7

技术要点

(1)起身要与右后划弧同时完成，转体上步与向前刺剑同时完成，动作要互相协调；

(2)左右手配合要协调，动作要到位，力点要准确。

叉步提剑

动作方法 见图 4-4-8

(1)扣脚转体，右脚掌内扣，身体左转 90 度，同时右手握剑向上划弧，屈肘下落至左胸前，左剑指下落至右前臂内侧，手心向下，目视剑尖；

(2)扣脚提剑，接上动，右脚掌落地踏实，重心右移至右脚，右腿略屈膝，同时双手下落至腹前，目视剑尖；

(3)叉步上提剑，接上动，左脚向右脚后侧插步，前脚掌着地，腿自然伸直，同时右手握剑，臂内旋，剑把向下、向右上提至头右侧，虎口及剑尖均斜向前，左剑指随右手收至右腕处，手心朝右，头略向左转，目视剑尖方向。

图 4-4-8

技术要点

(1)扣脚转体与屈肘落剑同时完成，撤左脚与剑把提收同时完成；

(2)剑把不可高过头，应位于右侧耳旁；

(3)插步动作要到位，目视前方。

甩穗后举腿挑剑

动作方法 见图 4-4-9

(1)上步持剑重心前起，右腿直立，左腿向前上步，前脚掌着地，右手握剑臂外旋向右、向下、向前摆起，剑把斜朝上，剑尖朝右后下方，左剑指附于右腕处，目视右手；

(2)移重心甩穗，重心前移至左腿，左脚掌踏实，右脚跟离地，同时右手握剑，剑把向下、向后、向上、向前划弧至体前，剑穗随之甩动一圈，左手剑指不变，目视剑身；

(3)摆脚划弧，左腿支撑，右脚向前摆起，同时右手握剑向下、向后划弧至右胯侧，剑尖朝前，手心朝下，左剑指向下划弧落至左胯旁，手心朝下，指尖朝前，目视前方；

(4)甩穗后举腿，左脚蹬地向上轻跳，右脚落地后，左腿屈膝向后抬起，脚掌斜向上，高于臀部，身体右转拧腰，同时右手握剑使剑尖向下、向右后划弧至体右后，手臂外旋，手腕上跷挑剑，虎口及剑尖均向上，左剑指向左、向上、向右弧形摆至胸前立指，头向右转，目视右手前方。

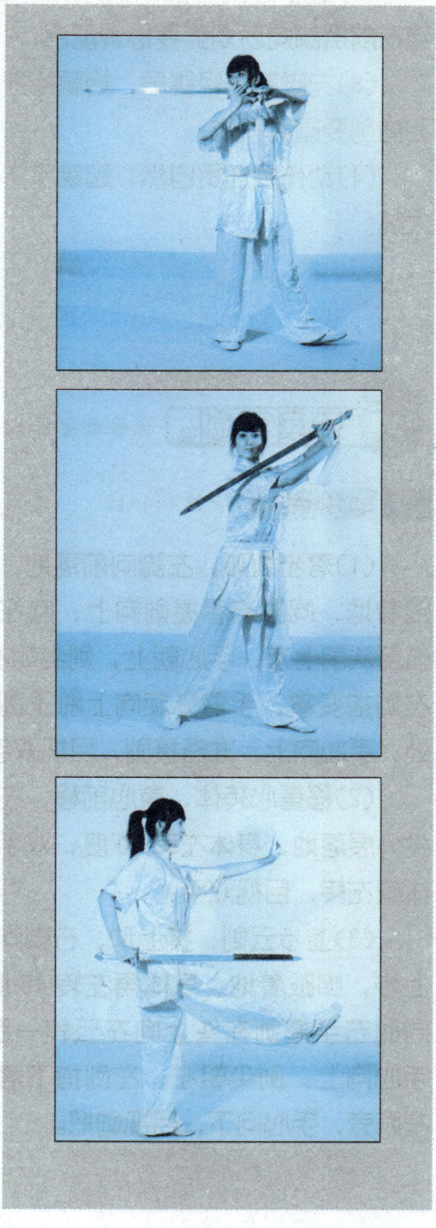

技术要点

(1)左脚上步时剑尖向后摆，剑把斜朝上；

(2)右手握剑向前划弧甩穗一圈，与右前摆脚向后划弧要协调配合；

(3)左脚蹬地轻跳后，抬腿与拧腰上挑剑要同时完成；

(4)动作要连贯自然，起跳步不要太高。

图 4-4-9

转身云剑

动作方法 见图 4-4-10

(1)落步划弧，左脚向前落地，脚跟着地，同时右手握剑向上、向左划弧至头前上方，手心朝上，剑尖朝左，左剑指变掌，手臂外旋向上附于剑把处，手心向上，准备接剑，目视双手；

(2)移重心转体，重心前移，左脚尖外展落地，身体左转 90 度，双手随体向左转，目视双手；

(3)上步云剑，接上动，右脚向前上步，脚跟着地，身体再左转 45 度，同时右手握剑在头上向左云转一圈，手心向上，剑尖朝左，左剑指下落至左胯旁，手心向下，目视剑把。

技术要点

（1）落步与上接剑要一致完成，上步与转身云剑要同时完成；

（2）注意剑身要平，在头前平绕。

图 4-4-10

前点步持剑亮指

动作方法 见图 4-4-11

（1）扣脚转体右脚尖内扣，身体左转 90 度，同时由右手握剑变为左手握剑，随转体向左划弧至头上方，手心向上，剑尖朝左，右剑指不变，目视剑把；

（2）前点步持剑，接上动，重心移至右脚，左脚向右前上步，脚尖点地，身体左转 45 度，同时左手握剑在头上方随转体向左后摆，手心向后，剑尖朝上，右剑指不变，头略向左，目视前方；

（3）前点步亮指，上动不停，上身直立，左手握剑臂略屈，下落至左胯旁，剑尖朝上，手心朝后，右剑指向右后、向上划弧向右侧头上方伸举，指尖朝上，手心向右，目平视左侧方。

技术要点

（1）扣脚左转、上步前点步与左手接剑下落、右指上指要协调配合同时完成；

（2）身体要保持正直。

图 4-4-11

收势

动作方法 见图 4-4-12

(1)上左步举剑指，身体约向右转 45 度，左脚向左前挪步，脚跟着地，同时右剑指臂外旋，下落略屈肘于头前，手心朝内，指尖朝上，左手持剑不变，目视右手；

(2)落左步落右手，左脚尖略外展落地，身体略向左转，重心前移，同时右手向下落至胸前，左手持剑不变，目视前方；

(3)上右步落指，接上动，右脚向前上步与左脚并步，脚尖略外展，同时右臂内旋屈肘向下按于右胯旁，手心向里，目视前方；

(4)还原。右手略外旋，手心向里，指尖向下垂于体侧，目视前方。

技术要点

(1)身体左转与旋臂落手要同时完成，上步、并步、转头与持剑前视要同时完成；

(2)动作要连贯、自然，一气呵成。

图 4-4-12

第五章　比赛规则

制定各项运动的比赛规则，有助于比赛参与者了解运动规则的基本知识，以使自己在比赛过程中游刃有余地发挥技术水平。比赛观赏者也只有在了解基本规则的前提下，才能够充分体验观赏比赛的乐趣。

第一节 比赛方法

参赛选手要按照一定的方法进行比赛，并须遵循一定的规则，以使比赛有序进行。

比赛安排

比赛类型

木兰剑比赛包括个人赛和团体赛。

年龄组别

(1)成年组：18 周岁以上(含 18 周岁)；

(2)少年组：12 周岁至 17 周岁；

(3)儿童组：不满 12 周岁。

套路时间

(1)规定套路时间为 3～3.5 分钟。

(2)自选套路时间为 3～4 分钟。

比赛流程

(1)选手听到点名或看到电子显示姓名后，应立即进场，待裁判长示意后，即可走向起势位置；

(2)选手身体任何部位开始动作即为起势(计时开始)，集体项目在行进间开始动作者，须事先向裁判申明；

(3)选手完成整套动作后，须并步收势(计时结束)，再转向裁判长行注目礼，然后退场；

(4)选手应在同侧场内完成相同方向(左右不得超过 90 度)的起势与收势，集体项目必须在场内完成起势与收势，方向、位置不限；

(5)选手听到上场比赛的点名和赛后示分时，应向裁判长行抱拳礼。

第二节 裁判方法

在比赛过程中，裁判人员通过履行其职责，进行正确的裁判工作，来保证比赛的公平、公正。

裁判人员

裁判人员包括裁判长和裁判员。其中，裁判长 1 名，裁判员 5～7 名。

评分标准及方法

评分标准

最高得分为 10 分，评分标准如下：

个人项目评分标准

(1)动作正确，方法清楚，分值为 4 分，不符者视轻重程度扣 0.1～2 分；

(2)造型优美，舒展大方，分值为 2 分，不符者视轻重程度扣 0.1～1 分；

(3)运劲顺达，动作协调，分值为 2 分，不符者视轻重程度扣 0.1～1 分；

(4)特点明显，风格突出，分值为 1 分，不符者视轻重程度扣 0.1～1 分；

(5)精神集中，舞乐和谐，分值为 1 分，不符者视轻重程度扣 0.1～1 分。

集体项目评分标准

(1)内容评分，内容充实，木兰剑的风格和特点突出，此项分值为 4 分；

(2)质量评分，动作正确，姿势舒展，动静分明，精神贯注，技术熟练，此项分值为 3 分(规定套路此项分值为 4 分)；

(3)配合评分，动作整齐，舞乐和谐，服装统一，此项分值为 2 分；

(4)编排评分，编排新颖，队形多样，变化有序，此项分值为 1 分(规定套路没有此项分值)。

评分方法

裁判员扣分方法

裁判员根据选手的技术水平，按照比赛项目的评分标准扣分，在各类分值中减去错误动作的扣分，即为选手的得分。

(1)没有完成套路，中途退场，该套路不予评分；

(2)每出现一次遗忘动作现象，扣 0.1～0.3 分；

(3)服饰影响动作，每出现一次失误，扣 0.1～0.4 分；

(4)每出现一次晃动或附加支撑，扣 0.1～0.3 分，每出现一次倒地，扣 0.5 分。

裁判长扣分方法

(1)重做扣分有以下几种情况：

①选手因客观原因造成比赛中断，可申请重做一次，不予扣分；

②选手在比赛进行中因受伤中断比赛，经简单治疗即可继续比赛的，可申请重做，但应扣 0.5 分，如果不能继续比赛，则按弃权处理；

③选手因失误或动作遗忘等原因造成比赛中断者，可申请重做，但应扣 1 分。

(2)规定套路时间以规定套路规定的时间为准，每超过或少于规定套路时间满 5 秒扣 0.1 分，依此类推；

(3)规定套路每遗漏、增加或改变一个动作扣 0.3 分；

(4)动作方向与规定不符，超过 45 度(含 45 度)，每出现一次扣 0.1 分。

应得分的确定

(1)去掉裁判员所评的一个最高分和一个最低分，剩余评分的平均值为选手的应得分；

(2)选手的应得分取小数点后两位数。

最后得分的确定

裁判长从选手的应得分中再扣除裁判长对其他错误的扣分数，即为选手的最后得分。

名次评定

一般情况

(1)个人单项按比赛的成绩高低排列名次，得分最高者为该单项的第一名，得分第二高者为第二名，依此类推；

(2)集体项目中得分最高者为该项的第一名，得分第二高者为第二名，依此类推。

得分相等时

(1)个人单项得分相等时，看去掉的两个无效分数，最高无效分数高者列前，如果最高无效分数相等，则以最低无效分数高者列前，如仍相等，则按名次并列；

(2)个人全能得分相等时，以获得单项第一名较多者列前，如仍相等，则以获得第二名较多者列前，依此类推；

(3)团体总分相等时，以全队在比赛中获得单项第一名较多者列前，如仍相等，则以获得第二名较多者列前，依此类推。